공부
기본기

초등 수학 연산력

덧셈과 뺄셈 2

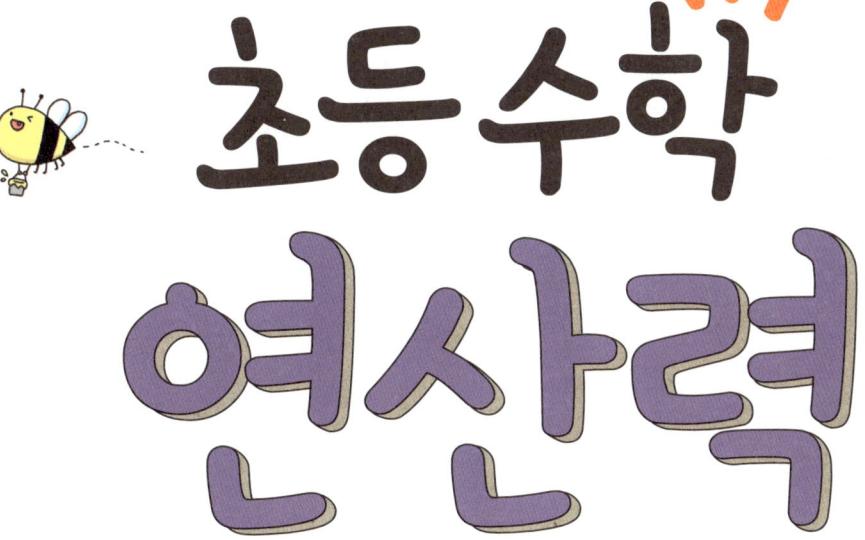

남호영 지음 | 양민희 그림

북아이콘

이 책의 특징

1. 공부는 무엇보다 기본기가 우선입니다.

운동선수에게 기초 체력이 중요하듯이, 공부하는 학생에게는 공부의 기본기가 무엇보다 중요합니다. 기초가 잘 닦여 있어야 응용도 가능하고, 실전력도 생기기 때문입니다. 이에 반해 기본기가 탄탄하지 못하면, 상황 변화에 따른 대응력이 떨어져 쉽게 흔들리게 됩니다. 국어, 수학, 영어 등 모든 과목 학습에 있어 튼튼한 기본기가 뒷받침되어야 하는 것입니다. 이러한 공부의 기본기를 갖추는 데는 시간이 걸리지만 궁극적으로는 훨씬 빨리 도달하는 지름길이며, 꼭 통과해야 하는 외나무다리인 것입니다.

2. 연산력은 초등 학습의 기초 중의 기초입니다.

초등 수학을 하는데 있어서 가장 중요한 기본기의 하나가 연산력입니다. 수학은 논리적이고 체계적인 단계로 구성된 과목으로 무엇보다 기초가 중요합니다. 학문 자체가 인과관계 및 상관관계를 이해하고 점진적으로 실력을 쌓아 갈수록 흥미를 유발할 수 있는 특징을 내포하고 있어, 수학을 처음 접하게 되는 시점부터 올바른 정의와 개념을 정립하는 것이 중요합니다. 특히 수학은 논리적 사고력, 창의력, 추론능력 등을 향상시키는데 절대적인 과목으로, 수학의 기본기는 개념이해력, 연산력, 문제해결력, 사고력 등이라 할 수 있습니다. 따라서 수 체계가 정립되고, 개념이 확실히 서 있지 않으면 간단한 개념을 응용한 문제조차 어려움을 느끼고 다음 단계로 나아가기가 힘듭니다.

3 수학은 재미있게 익혀 흥미를 유지하는 것이 관건입니다.

수학은 어느 과정의 앞 단계에서 제대로 학습하지 않으면 다음 단계를 학습하는 것이 매우 어렵고, 한번 흥미를 잃으면 좀처럼 제자리를 찾기도 어렵습니다. 따라서 수학 공부를 잘 하기 위해서는 재미있게 배우는 것이 중요합니다. 수학은 어떻게 배우느냐에 따라 친근감, 흥미도 등이 달라지기 때문입니다. 특히 변화된 수학 교육과정은 수학적 논리력과 창의적인 사고력을 중시합니다. 학교 시험에서 출제 비중이 커지는 서술형 문항은 개념과 원리를 정확히 이해하지 않으면 풀기 힘듭니다. 이에 반해 기초가 튼튼한 아이들은 문제가 어려워질수록 빛을 발합니다. 이 책은 놀이 형식으로 구성되어 있어 어렵고 지루할 수 있는 수학의 재미를 느끼게 해 줍니다.

4 수학의 개념과 원리가 자연스럽게 스며들도록 구성하였습니다.

이 책은 수학의 기본이 되는 덧셈과 뺄셈에 대한 학습을 재미있게 할 수 있도록 구성하였습니다. 수학의 재미를 느끼고 생각하는 힘을 기를 수 있도록 단순히 반복적인 계산 방식이 아닌 생활에서 주어지고 활용할 수 있는 각종 이미지들과 간결한 설명을 통해 자연스럽게 개념을 이해하고 문제해결력을 기를 수 있도록 하였습니다. 문제를 나열한 듯 보이지만 개념이 만들어지는 문제 상황을 친근한 소재와 학습자의 인지 발달 수준에 맞게 구성하고, 문제의 난이도와 형태를 정교하게 배열하여 수학의 개념과 원리가 자연스럽게 스며들도록 한 것입니다.

또한 개정된 새 교육과정의 핵심인 스토리텔링 학습과 융합인재교육(STEAM)이 이루어질 수 있도록 실생활과의 연계성을 강화한 문제, 통합교과 내용과 접목된 문제 등을 통하여 개념과 원리를 폭넓게 익힐 수 있도록 하였습니다.

이 책의 구성

1단계 원리 학습

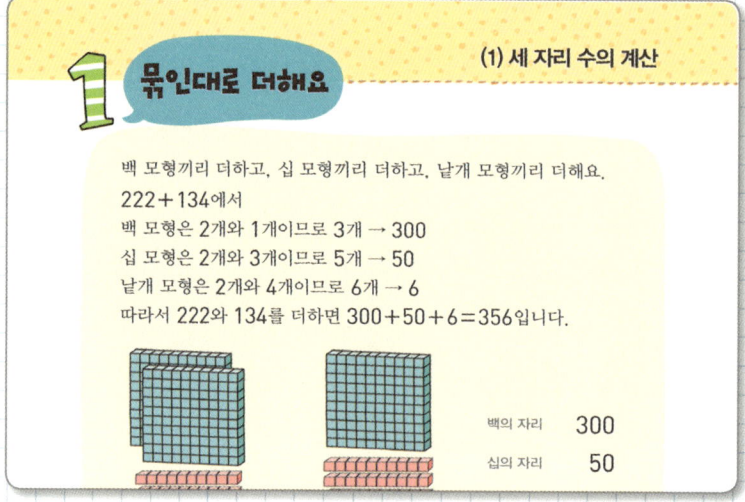

친근한 소재의 이미지와 결합된 간결한 설명으로 자연스럽게 원리를 이해하고, 원리에서 방법을 이끌어 냅니다. 묶어 세기와 수모형 활동, 그림으로 나타내기 등 다양한 방법으로 놀이같이 즐거운 학습이 이루어집니다.

2단계 익힘 학습

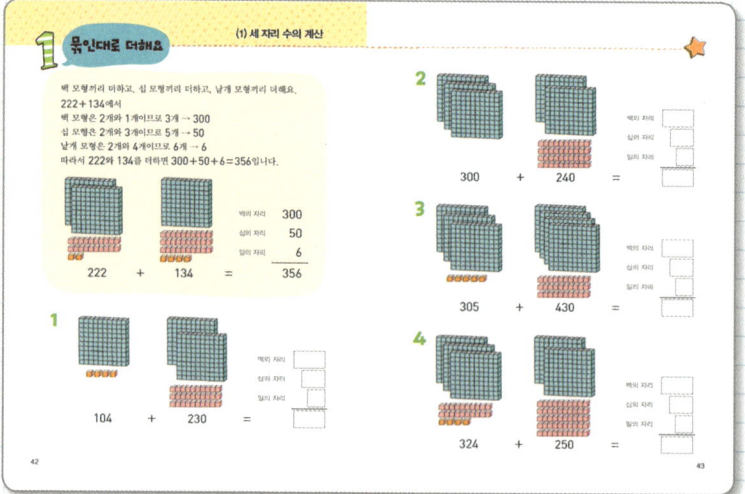

단계1에서 제시한 방법대로, 간단한 문제부터 차례대로 따라하면서 원리와 방법을 익힙니다. 문제의 난이도와 형태를 정교하게 배열하여 개념이 녹아듭니다.

3단계 연습문제와 숫자놀이

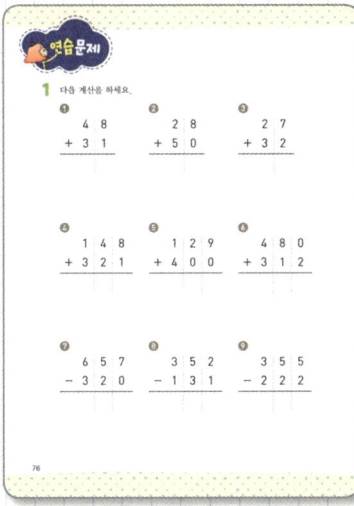
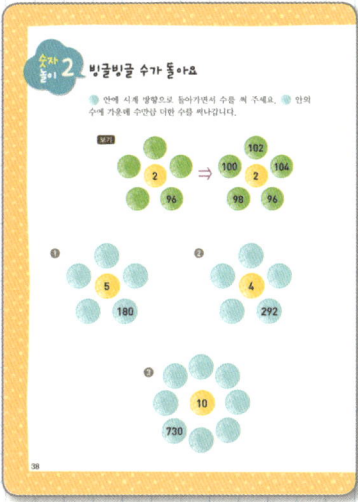

단계2에서 익힌 원리와 방법을 다양한 연습문제를 통해 다집니다.
또 '숫자놀이'에서는 숫자와 연관된 퀴즈를 풀며 연산에 대한 적응력과 창의력을 기를 수 있습니다. 특히 '연습문제'와 '숫자놀이'에서는 실생활과 연계된 스토리텔링 문제, 통합교과 내용과 접목된 문제 등을 삽화와 함께 구성하여 융합적인 사고력이 길러질 수 있도록 하였습니다.

4단계 부록

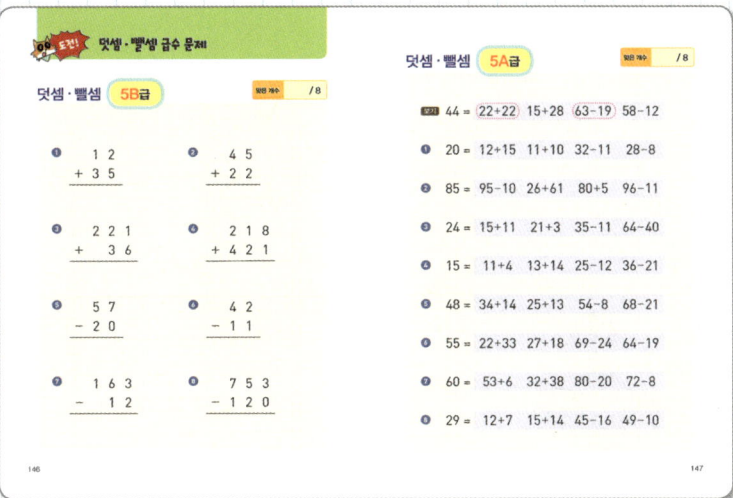

실력을 점검해 볼 수 있도록 스스로 연산 능력을 측정하는 평가지를 제공합니다.

이 책의 차례

1 큰 수를 알아요  8~39쪽

(1) 묶어 세기
   1 99보다 큰 수
   2 100개씩 묶어요

(2) 백의 자리, 십의 자리, 일의 자리
   1 자리값
   2 얼마인가요
   3 어느 수가 큰가요

연습문제
숫자놀이 1 개구리가 되게 해주세요
숫자놀이 2 빙글빙글 수가 돌아요
숫자놀이 3 수가 지나가는 길을 찾아요

2 덧셈, 뺄셈 걷기  40~85쪽

(1) 세 자리 수의 계산
   1 묶인대로 더해요
   2 세로셈으로 더해요
   3 묶인대로 빼요
   4 세로셈으로 빼요

(2) 한 번 받아올리고 내리는 계산
   1 일의 자리에서 받아올려요
   2 십의 자리에서 받아올려요
   3 십의 자리에서 받아내려요
   4 백의 자리에서 받아내려요
   5 세 수의 계산

연습문제
숫자놀이 1 육각형 안에 셈을 만들어요
숫자놀이 2 마법의 사각형을 만들어요
숫자놀이 3 미로를 탈출해요

 덧셈, 뺄셈 뛰기

86~129쪽

정답 130~145쪽
부록
도전! 덧셈뺄셈 급수 문제 146~159쪽

(1) 받아올리는 덧셈
    1 두 자리 수를 더해요(1)
    2 두 자리 수를 더해요(2)
    3 세 자리 수를 더해요(1)
    4 세 자리 수를 더해요(2)

(2) 받아내리는 뺄셈
    1 두 자리 수를 빼요
    2 세 자리 수를 빼요
    3 0에서 받아내려요
    4 세 수의 계산

연습문제

숫자놀이 **1** 육각형 안에 셈을 만들어요
숫자놀이 **2** 마법의 사각형을 만들어요
숫자놀이 **3** 미로를 탈출해요

묶어 세기

개수를 셀 때는 낱개를 10개씩 묶어 10묶음, 10묶음은 다시 10개씩 묶어 100묶음으로 바꾸어 세어요.

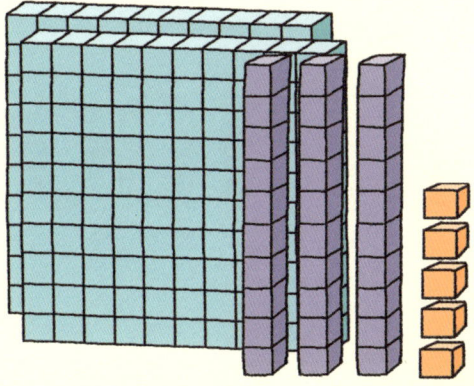

100묶음은 2개
10묶음은 3개
낱개는 5개이므로
왼쪽 그림은 각 묶음이
200, 30, 5개로 모두 235개입니다.

백의 자리, 십의 자리, 일의 자리

백의 자리	십의 자리	일의 자리
2	0	0
	3	0
		5
2	3	5

235에서
2는 백의 자리 수이고 200을 나타내어요.
3은 십의 자리 수이고 30을 나타내어요.
5는 일의 자리 수이고 5를 나타내어요.
235는 200 + 30 + 5입니다.

100원짜리 2개, 10원짜리 5개, 1원짜리 3개이므로 200원, 50원, 3원 즉, 253원입니다.

 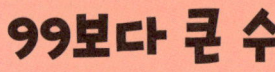

(1) 묶어 세기

99보다 큰 수를 알아봅시다.

95 – 96 – 97 – 98 – 99 – 100 – 101 – 102 – 103 –

99보다 1 큰 수는 100입니다.
100은 백이라고 읽습니다.

100
백

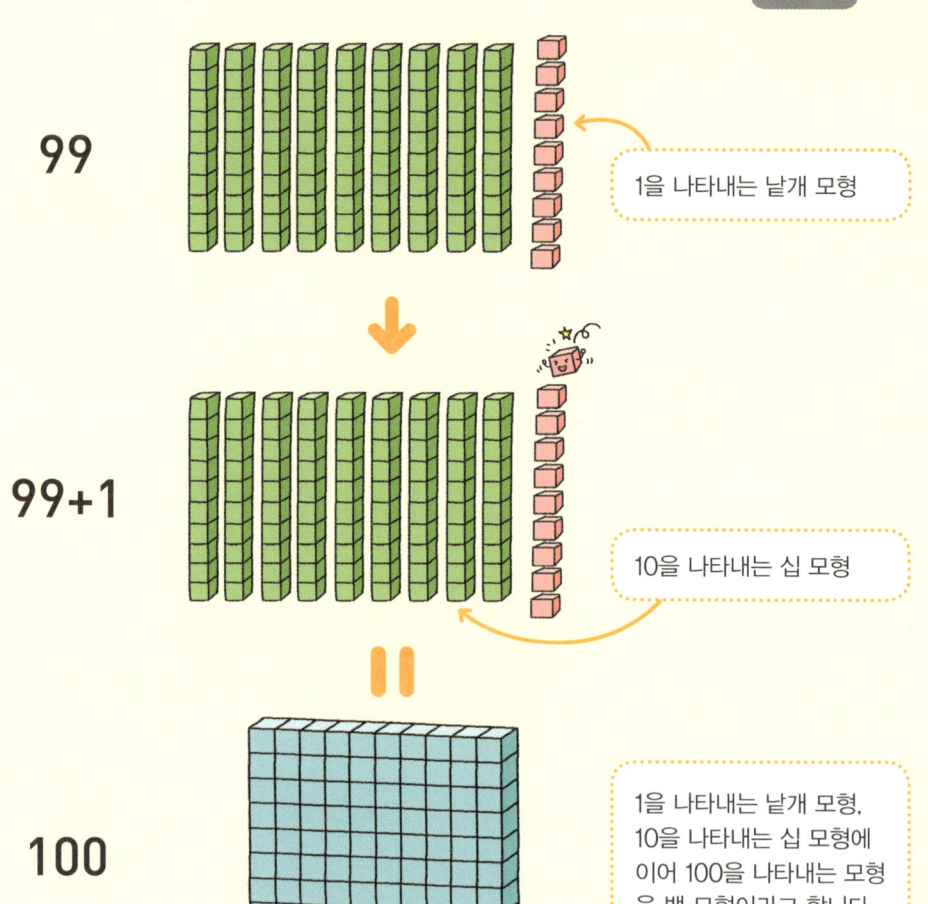

99

1을 나타내는 낱개 모형

99+1

10을 나타내는 십 모형

100

1을 나타내는 낱개 모형, 10을 나타내는 십 모형에 이어 100을 나타내는 모형을 백 모형이라고 합니다.

보기   100보다 1 큰 수는 백 모형 1개에 낱개 모형 1개가 더 있는 수, 100+1= 101입니다.

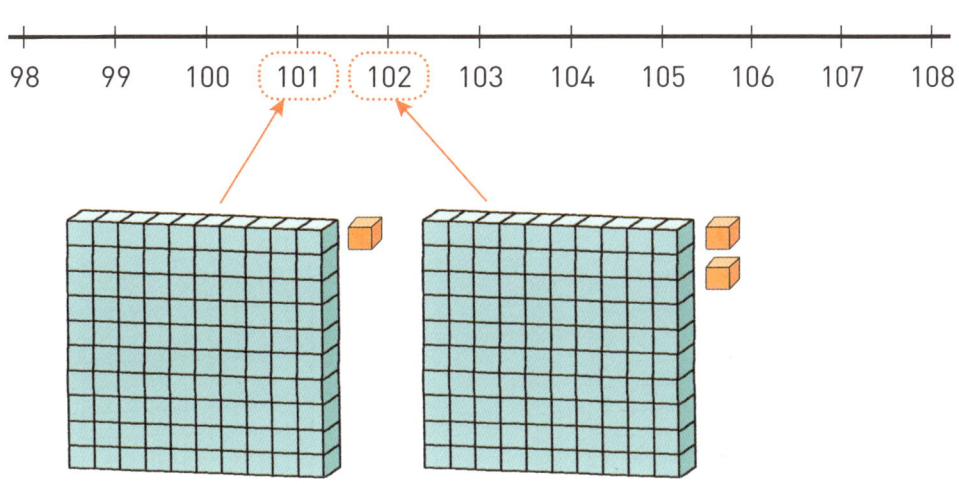

1   다음 수모형이 나타내는 수를 수직선에 선으로 연결해 보세요.

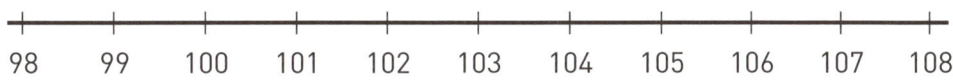

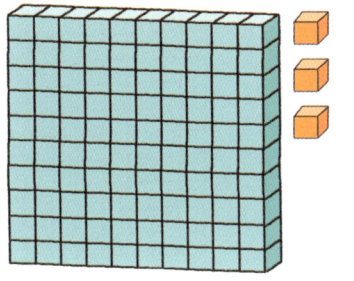 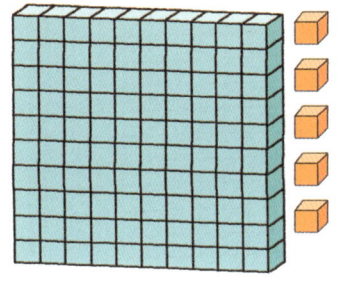

보기 109보다 1 큰 수는 백 모형 1개와 낱개 모형 9개에 낱개 모형 1개가 더 있는 수입니다. 즉, 백 모형 1개와 십 모형 1개가 있는 수, 100+10=110입니다.

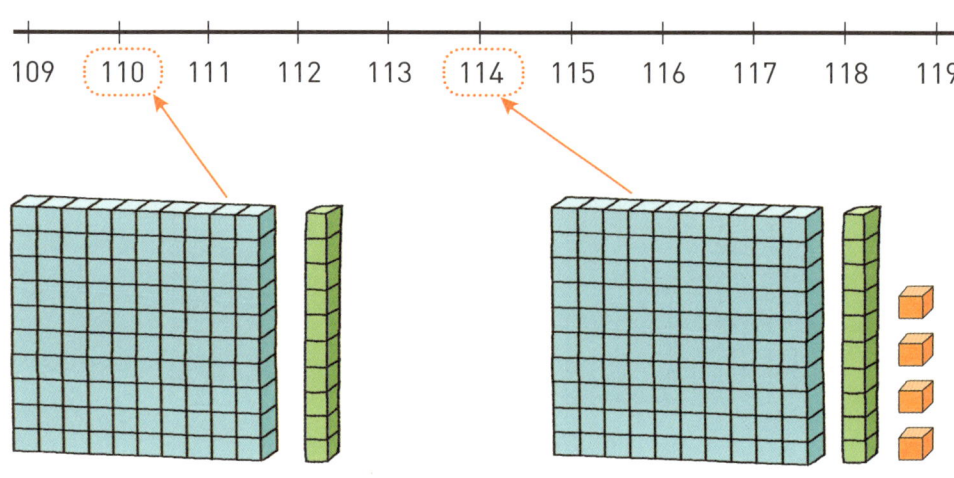

2 다음 수모형이 나타내는 수를 수직선에 선으로 연결해 보세요.

보기 139보다 1 큰 수는 백 모형 1개, 십 모형 3개, 낱개 모형 9개에 낱개 모형 1개가 더 있는 수입니다. 즉, 백 모형 1개와 십 모형 4개가 있는 수, 100+40=140입니다.

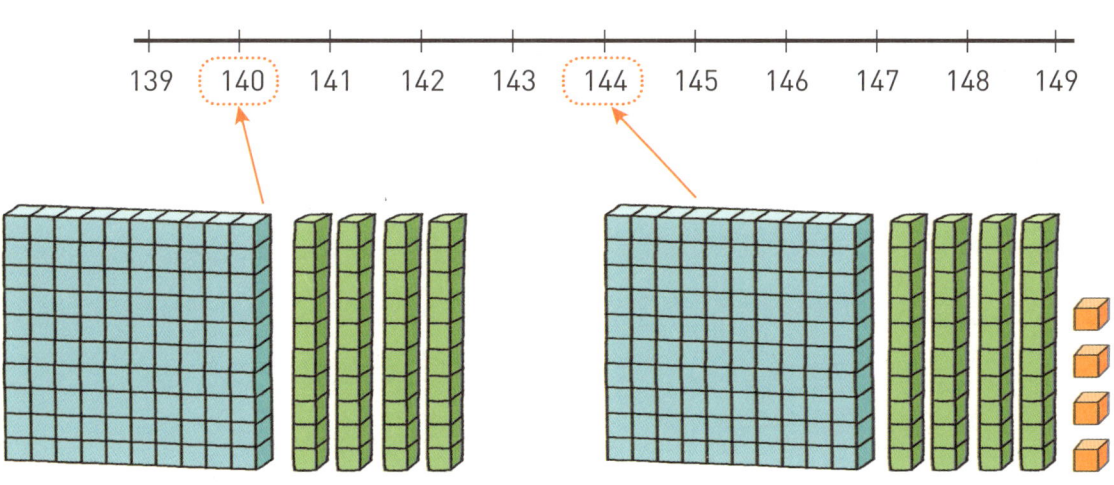

3 다음 수모형이 나타내는 수를 수직선에 선으로 연결해 보세요.

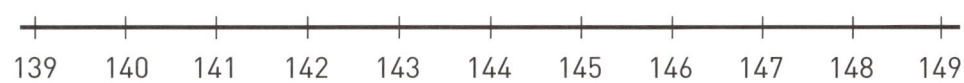

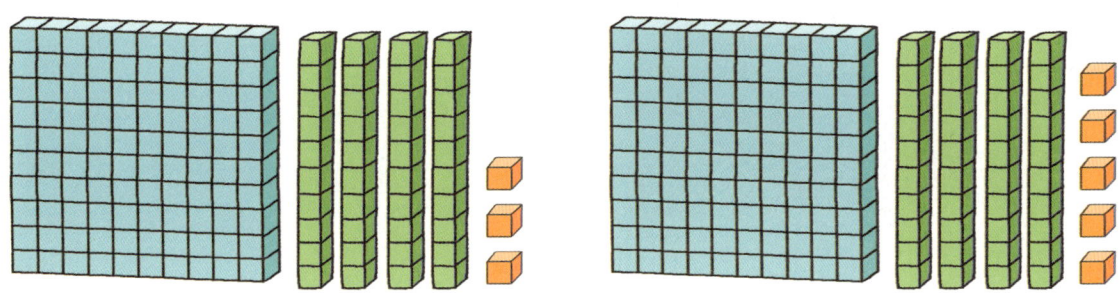

2 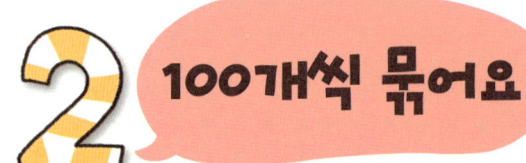 100개씩 묶어요

100이 2개면 200, 100이 3개면 300, 100이 4개면 400입니다.
100이 9개면 900, 100이 10개면 1000입니다.

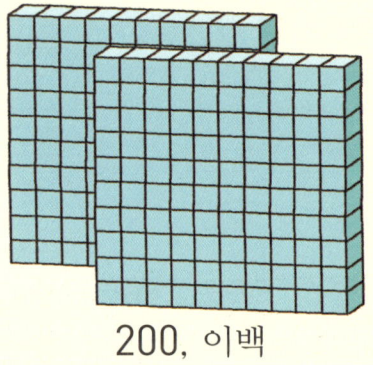
200, 이백

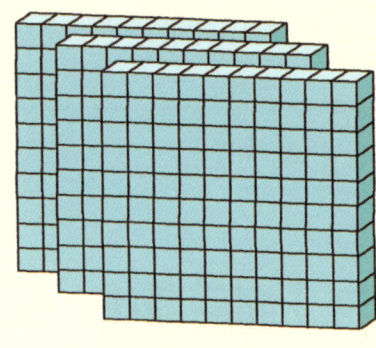
300, 삼백

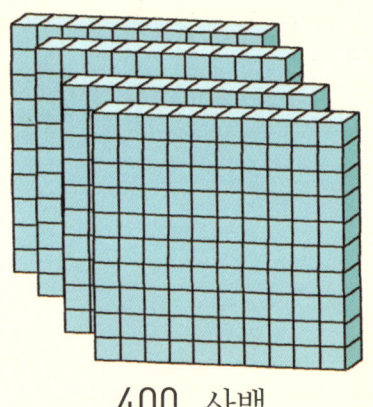
400, 사백

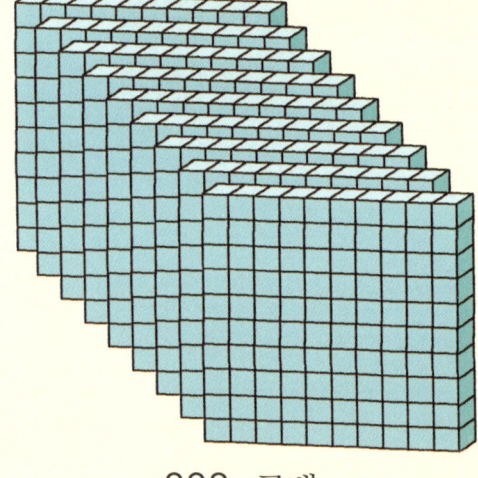
900, 구백

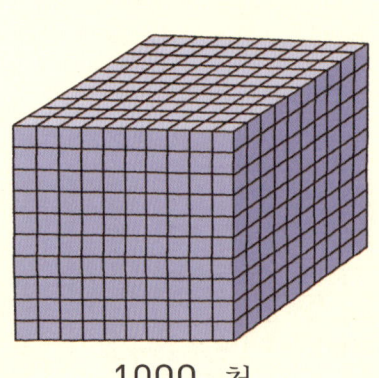
1000, 천

보기

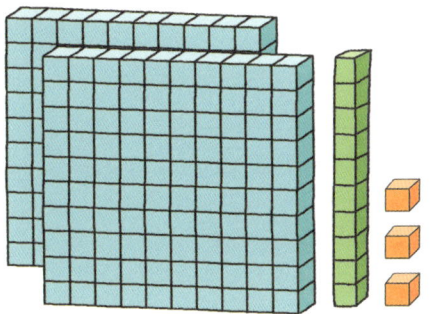

백 모형 2개는 | 2 | 0 | 0 | 입니다.

십 모형 1개는 | 1 | 0 | 입니다.

낱개 모형 3개는 | 3 | 입니다.

백 모형 2개, 십 모형 1개, 낱개 모형 3개는
| 2 | 1 | 3 | 입니다.

1

백 모형 3개는 | | | 입니다.

십 모형 2개는 | | 입니다.

낱개 모형 1개는 | | 입니다.

백 모형 3개, 십 모형 2개, 낱개 모형 1개는
| | | | 입니다.

2

백 모형 3개는 | | | 입니다.

십 모형 2개는 | | 입니다.

낱개 모형 3개는 | | 입니다.

백 모형 3개, 십 모형 2개, 낱개 모형 3개는
| | | | 입니다.

3

백 모형 4개는 ☐☐☐ 입니다.

십 모형 2개는 ☐☐ 입니다.

낱개 모형 5개는 ☐ 입니다.

백 모형 4개, 십 모형 2개, 낱개 모형 5개는
☐☐☐ 입니다.

4

백 모형 4개는 ☐☐☐ 입니다.

십 모형 4개는 ☐☐ 입니다.

낱개 모형 3개는 ☐ 입니다.

백 모형 4개, 십 모형 4개, 낱개 모형 3개는
☐☐☐ 입니다.

5

백 모형 4개는 ☐☐☐ 입니다.

십 모형 5개는 ☐☐ 입니다.

낱개 모형 1개는 ☐ 입니다.

백 모형 4개, 십 모형 5개, 낱개 모형 1개는
☐☐☐ 입니다.

6

백 모형 6개는 ☐☐☐ 입니다.

십 모형 2개는 ☐☐ 입니다.

낱개 모형 3개는 ☐ 입니다.

백 모형 6개, 십 모형 2개, 낱개 모형 3개는
☐☐☐ 입니다.

7

백 모형 6개는 ☐☐☐ 입니다.

십 모형 3개는 ☐☐ 입니다.

낱개 모형 5개는 ☐ 입니다.

백 모형 6개, 십 모형 3개, 낱개 모형 5개는
☐☐☐ 입니다.

8

백 모형 7개는 ☐☐☐ 입니다.

십 모형 4개는 ☐☐ 입니다.

낱개 모형 2개는 ☐ 입니다.

백 모형 7개, 십 모형 4개, 낱개 모형 2개는
☐☐☐ 입니다.

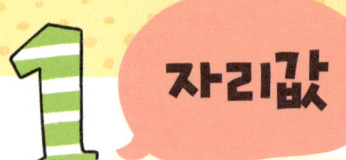

자리값

(2) 백의 자리, 십의 자리, 일의 자리

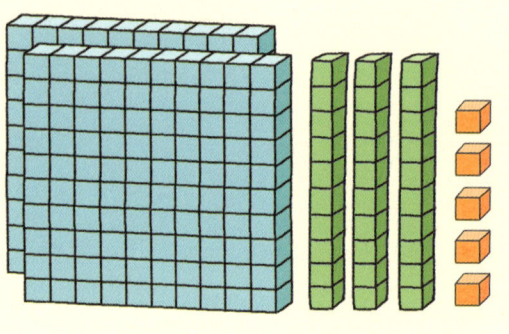

100묶음은 2개
10묶음은 3개
낱개는 5개 이므로
왼쪽 수모형은
200, 30, 5개로 모두 235개
입니다.

1

100묶음은 몇 개입니까?
10묶음은 몇 개입니까?
낱개는 몇 개입니까?
수모형은 모두 몇 개입니까?

2

100묶음은 몇 개입니까?
10묶음은 몇 개입니까?
낱개는 몇 개입니까?
수모형은 모두 몇 개입니까?

백의 자리	십의 자리	일의 자리
2	0	0
	3	0
		5
2	3	5

수는 자리마다 값이 달라요.

235에서
2는 백의 자리 수이고 200을 나타냅니다.
3은 십의 자리 수이고 30을 나타냅니다.
5는 일의 자리 수이고 5를 나타냅니다.
2의 자리값은 100, 3의 자리값은 10, 5의 자리값은 1이므로 235는 200+30+5와 같습니다.

3

백의 자리	십의 자리	일의 자리
2	0	0
	2	0
		3

223에서

2는 백의 자리 수이고 ☐☐☐을 나타냅니다.

2는 ☐의 자리 수이고 ☐☐을 나타냅니다.

3은 ☐의 자리 수이고 ☐을 나타냅니다.

처음 2의 자리값은 100, 두 번째 2의 자리값은 10, 3의 자리값은 1이므로 223은

☐ + ☐ + ☐ 과 같습니다.

4

백의 자리	십의 자리	일의 자리
4	0	0
	3	0
		2

432에서

4는 백의 자리 수이고 ☐☐☐을 나타냅니다.

3은 ☐의 자리 수이고 ☐☐을 나타냅니다.

2는 ☐의 자리 수이고 ☐를 나타냅니다.

4의 자리값은 100, 3의 자리값은 10, 3의 자리값은 1이므로 432는 ☐ + ☐ + ☐ 와 같습니다.

○ 주어진 수들을 더해서 쓰세요.

5 300 20 4   30 500 1

백	십	일

백	십	일

6 200 7 60   900 10 5

백	십	일

백	십	일

○ 다음을 숫자로 쓰세요.

7 사백이십오   오백사십삼

백	십	일

백	십	일

8 팔백구십이   삼백팔십육

백	십	일

백	십	일

○ 다음 빈칸에 알맞은 수를 쓰세요.

보기 백의 자리가 1 | 1 | 0 | 0 |
십의 자리가 2 이면 | 2 | 0 | 이므로 | 1 | 2 | 3 | 입니다.
일의 자리가 3 | 3 |

9 백의 자리가 3
십의 자리가 5 이면 □□□ 이므로 □□□ 입니다.
일의 자리가 4

10 백의 자리가 4
십의 자리가 6 이면 □□□ 이므로 □□□ 입니다.
일의 자리가 8

11 백의 자리가 2
십의 자리가 7 이면 □□□ 이므로 □□□ 입니다.
일의 자리가 3

12 백의 자리가 5
십의 자리가 0 이면 □□□ 이므로 □□□ 입니다.
일의 자리가 4

 ## 얼마인가요

100원짜리,
10원짜리, 1원짜리를
따로 따로 세어요.

2	0	0	원
	3	0	원
		2	원
2	3	2	원

1

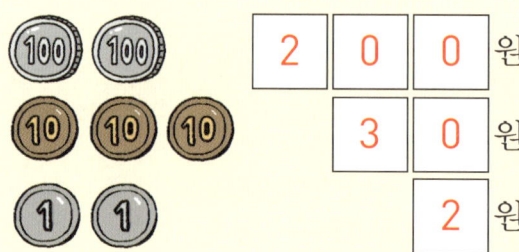

2

100원짜리,
10원짜리는
값이 달라요.

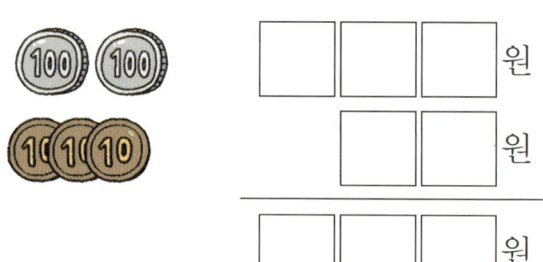

3

			원
			원
			원
			원

> 100원짜리, 10원짜리, 1원짜리는 값이 모두 달라요. 따로 세어요.

4

			원
			원
			원
			원

			원
			원
			원
			원

5

			원
			원
			원
			원

			원
			원
			원
			원

○ 동전이 여러 개 있습니다. 같은 값끼리 이어 보세요.

6  •　　•㉠

7  •　　•㉡

8  •　　•㉢

9  •　　•㉣

○ 가게에 있는 물건이에요. 둘 중 비싼 물건에 ○표 하세요.

3 어느 수가 큰가요

224 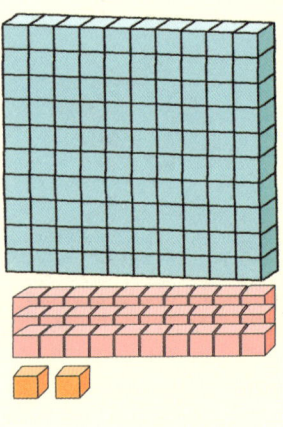 132

224는 132보다 큽니다.
132는 224보다 작습니다.

224 132

두 수를 비교할 때, 백의 자리가 큰 수가 큽니다.

 235 242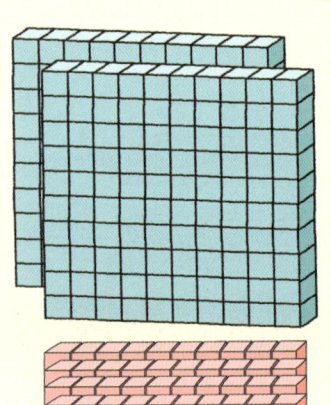

235는 242보다 작습니다.
242는 235보다 큽니다.

235 242

두 수를 비교할 때, 백의 자리가 같으면 십의 자리가 큰 수가 큽니다.

1 두 수의 크기를 비교하여 >, <를 써서 나타내세요.

(1)　　536 　　　619

(2)　　452 　　　829

(3)　　453 　　　435

(4)　　781 　　　712

2 빈칸에 알맞은 수를 써 보세요.

(1)　☐☐☐ < 326

(2)　127 < ☐☐☐

(3) 415 < ☐☐☐ < 420

(4) 322 < ☐☐☐ < 770

○ 수직선의 빈칸에 알맞은 수를 쓰세요.

3 124 125 126 127 ☐ 129 ☐ 131 132 133 134

4 256 257 258 ☐ ☐ 261 262 263 ☐ ☐ 266

5 777 778 779 ☐ ☐ ☐ ☐ 784 785 ☐ 787

6 395 396 397 ☐ ☐ ☐ ☐ 402 403 404 ☐

● 규칙적으로 수를 세고 있어요. 빈칸에 알맞은 수를 쓰세요.

7 113 - 114 - 115 - ( ) - ( ) - ( ) - 119

8 218 - ( ) - 220 - 221 - ( ) - ( ) - 224

9 327 - 328 - ( ) - ( ) - 331 - ( ) - 333

10 410 - 420 - ( ) - ( ) - 450 - 460 - ( )

11 632 - 634 - ( ) - ( ) - 640 - ( ) - 644

12 780 - 790 - ( ) - 810 - ( ) - ( ) - 840

13 ( ) - 549 - ( ) - 569 - ( ) - ( ) - 599

14 468 - 478 - 488 - ( ) - ( ) - 518 - ( )

29

1 다음 빈칸에 알맞은 수를 쓰세요.

❶
111	112	113			116	117	118	119	120
121	122					127	128		
131	132	133	134					139	

❷
281	282	283	284	285			288		
291	292	293	294		296	297			
301	302	303		305			308		

❸
591	592		594		596			599	
	602	603		605			608		
611	612		614			617	618		

2 다음 수가 들어갈 곳을 찾아 색칠하세요.

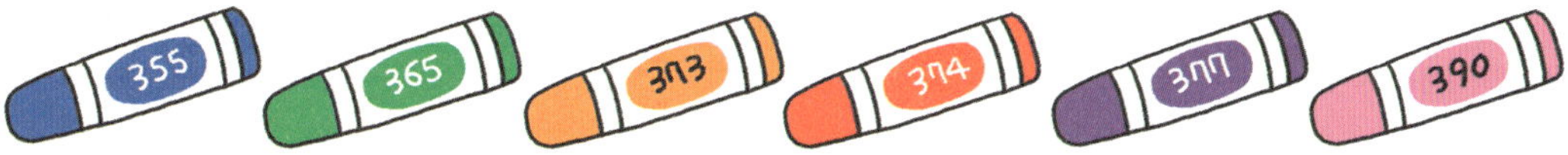

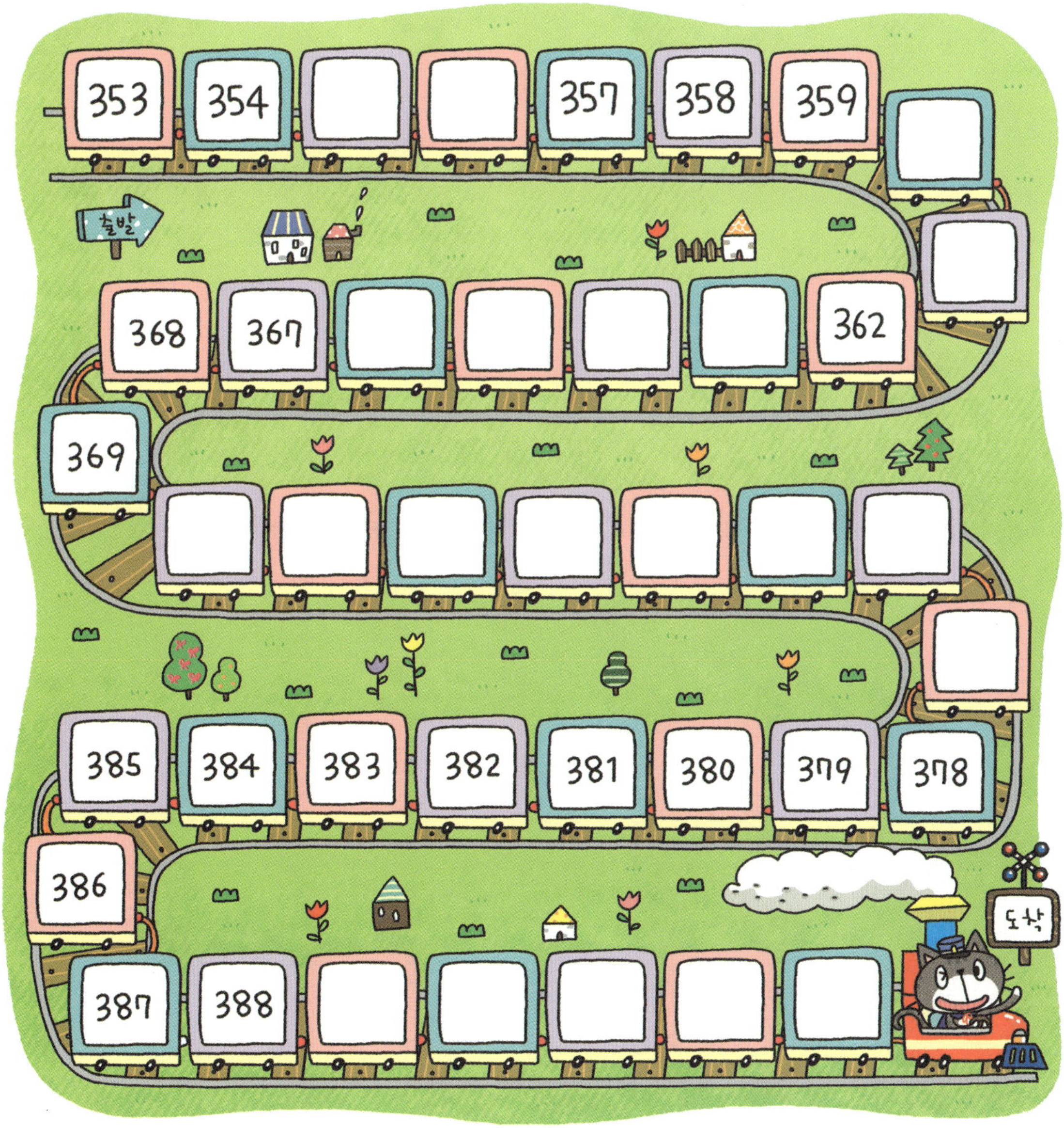

3 다음 수를 쓰세요.

❶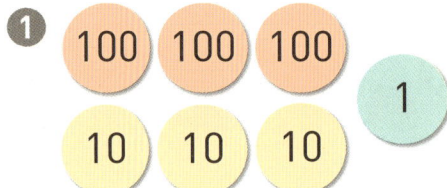

백	십	일

❷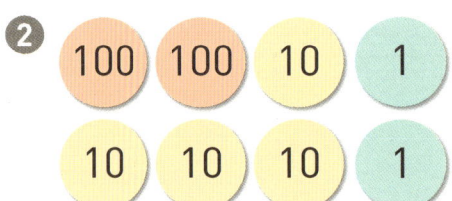

백	십	일

❸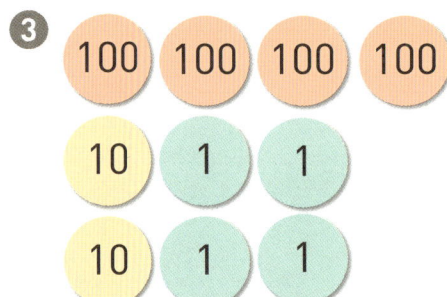

백	십	일

❹

백	십	일

4 어느 수가 더 큰가요? <, >를 써서 나타내세요.

① 144 < 433

② 315 > 251

③ 566 > 563

④ 718 > 537

⑤ 488 < 489

⑥ 990 > 969

5 왼쪽에는 세 자리 수가 있고, 오른쪽에는 백의 자리 수, 십의 자리 수, 일의 자리 수가 얼마나 있는지 나타내는 식이 있어요.
같은 것끼리 짝을 지어주세요.

345	200 + 70 + 8
837	800 + 30 + 7
166	600 + 90
584	500 80 4
278	900 + 10 + 5
915	700 20 1
690	300 + 40 + 5
721	100 60 6
439	400 + 30 + 9

6 개미네 집 주소를 알아볼까요?
오른쪽 수에 해당되는 글자를 찾아 써 보세요.

숫자 놀이 1 개구리가 되게 해주세요

올챙이가 미로로 들어섰습니다. 갈림길에서는 큰 수를 따라 가면 미로를 빠져나갈 수 있어요. 이 미로를 빠져나가면 개구리가 될 수 있습니다. 올챙이가 개구리가 되게 해주세요.

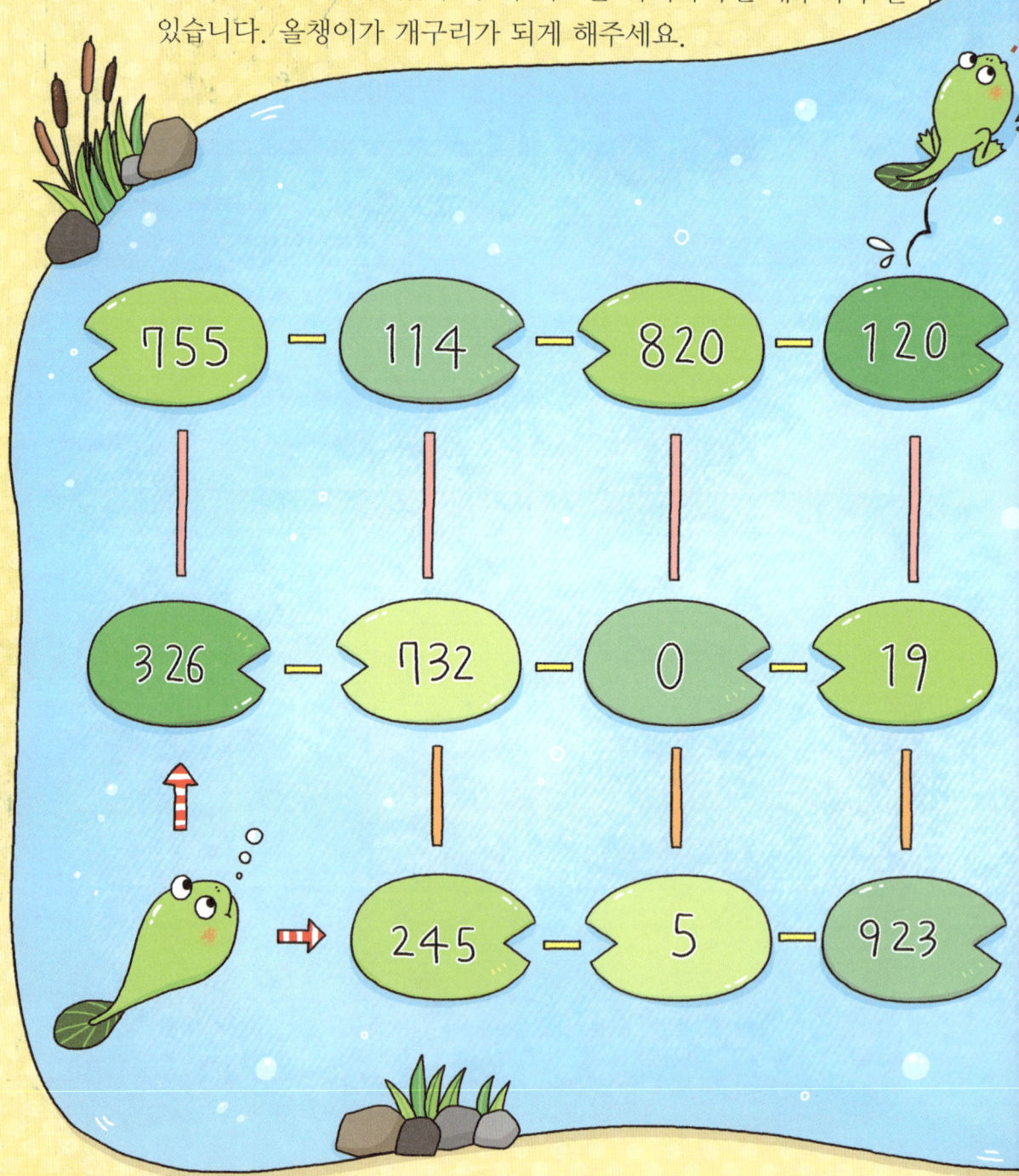

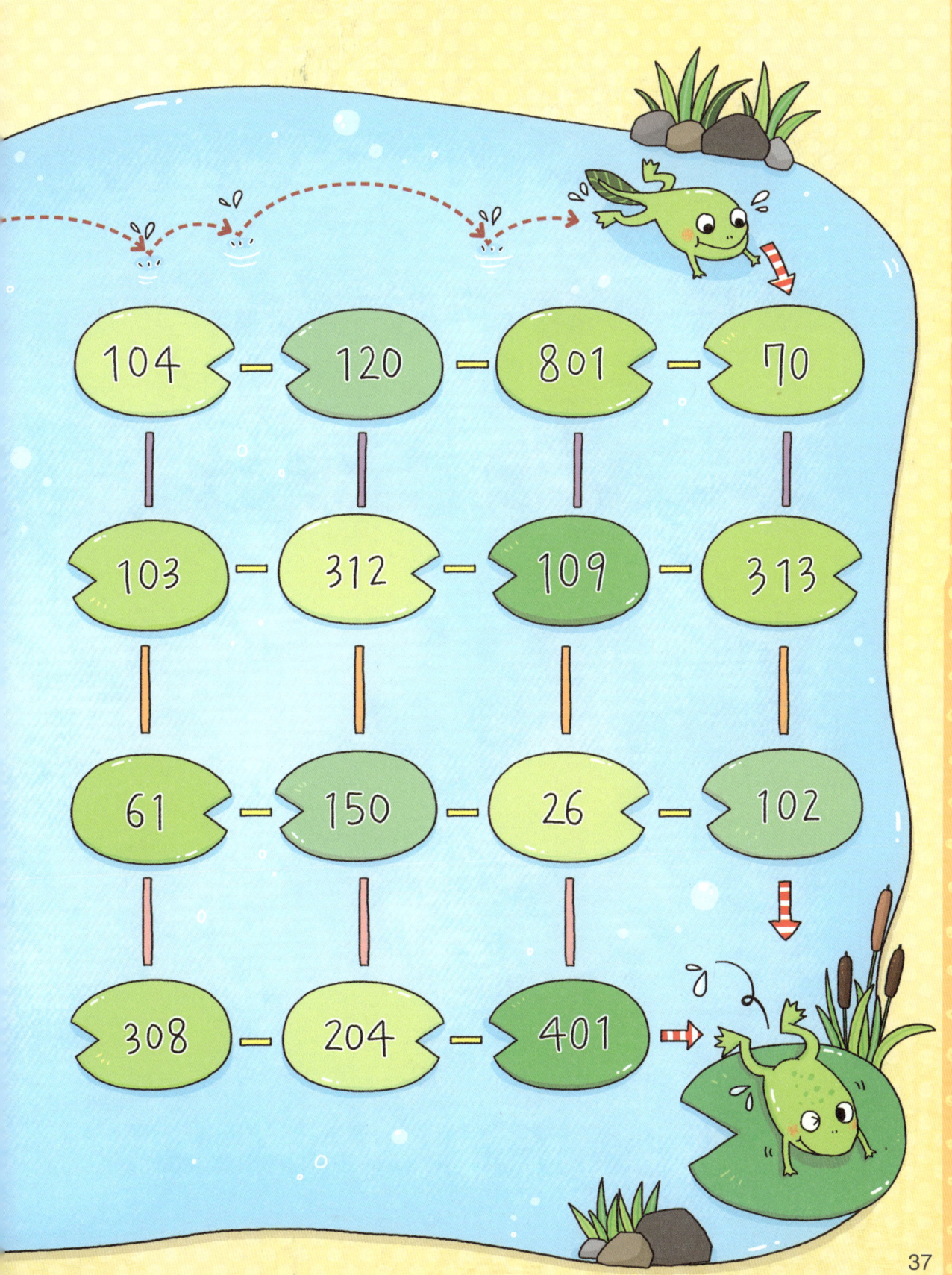

빙글빙글 수가 돌아요

● 안에 시계 방향으로 돌아가면서 수를 써 주세요. ● 안의 수에 가운데 수만큼 더한 수를 써나갑니다.

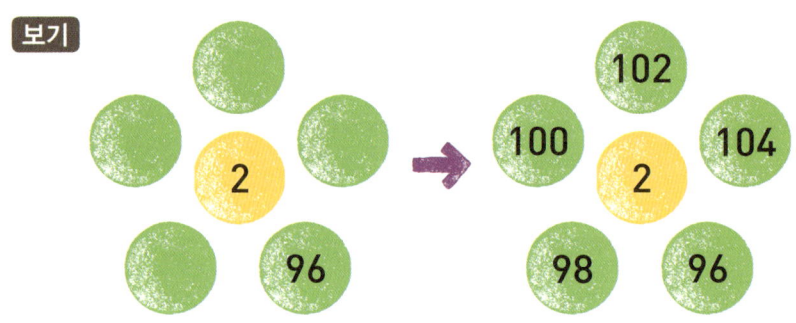

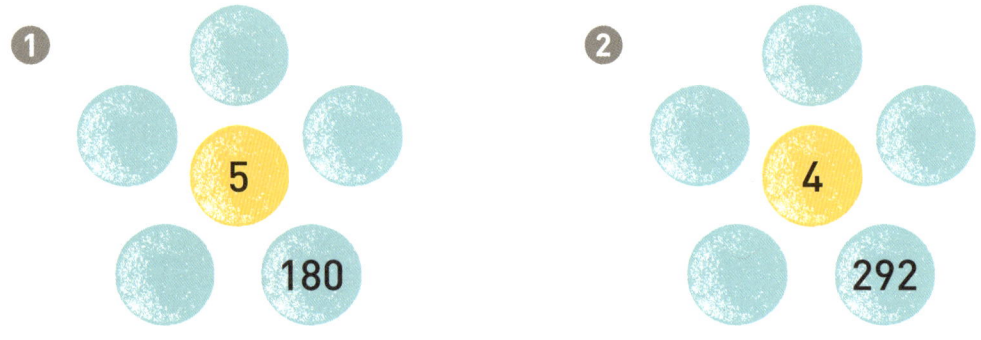

수가 지나가는 길을 찾아요

사각형 안에 1부터 8까지의 수가 두개씩 있어요. 모든 수를 한 번씩만 지나가는 선을 그려 주세요.

보기

8	7	5	2
5	8	3	4
1	6	4	3
2	7	1	6

❶
7	5	1	6
4	7	2	8
6	1	3	4
3	2	8	5

❷
1	7	5	2
4	5	7	1
8	8	6	3
6	3	2	4

❸
3	7	8	8
2	2	1	6
5	6	4	3
4	1	5	7

39

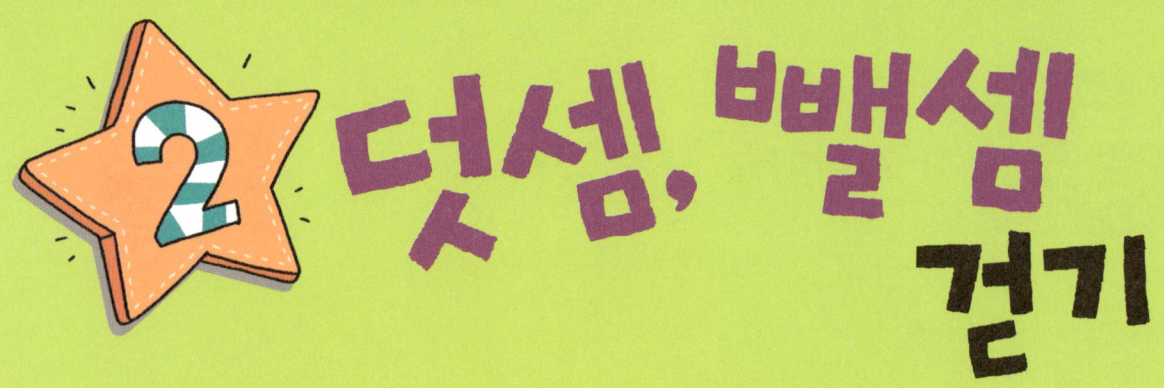

세 자리 수의 계산

세 자리 수의 덧셈 222+134는
백의 자리끼리 더하고 ➡ 200+100=300
십의 자리끼리 더하고 ➡ 20+ 30= 50
일의 자리끼리 더해요. ➡ 2+ 4= 6

세로셈을 할 때는 자리를 맞추어 더해요.

```
200+100=300
 20+ 30= 50
  2+  4=  6
         356
```

	백의 자리	십의 자리	일의 자리
	2	2	2
+	1	3	4
	3	5	6

한번 받아올리고 내리는 계산

받아올려요

일의 자리끼리 더했을 때, 10보다 크면 십의 자리로 받아올려요.

```
   2 [10]
+  1   7
─────────
       3
```
➡
```
  [1]
   2   6
+  1   7
─────────
   4   3
```

받아내려요

일의 자리 수에서 빼는 수가 더 크면 십의 자리에서 1을 받아내려요.

```
  [2] [10]
   3/  2
−  1   7
─────────
       5
```
➡
```
  [2] [10]
   3/  2
−  1   7
─────────
   1   5
```

1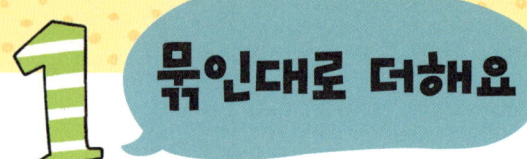

(1) 세 자리 수의 계산

백 모형끼리 더하고, 십 모형끼리 더하고, 낱개 모형끼리 더해요.
222＋134에서
백 모형은 2개와 1개이므로 3개 → 300
십 모형은 2개와 3개이므로 5개 → 50
낱개 모형은 2개와 4개이므로 6개 → 6
따라서 222와 134를 더하면 300＋50＋6＝356입니다.

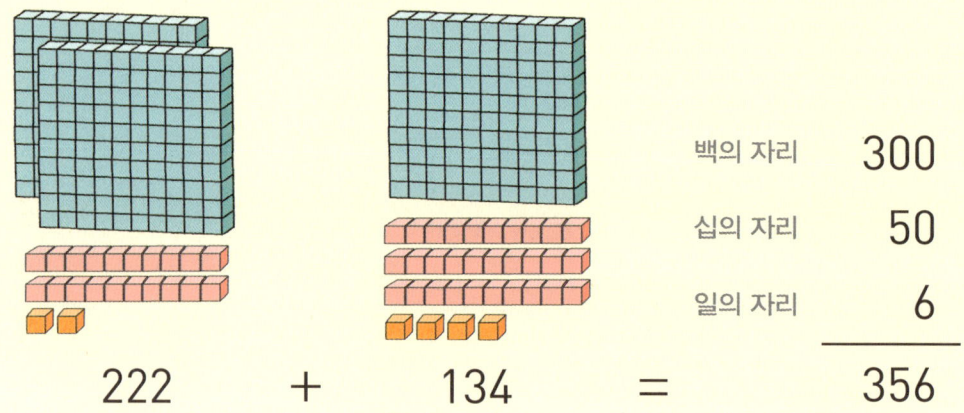

1

104   ＋   230   ＝

백의 자리 ☐
십의 자리 ☐
일의 자리 ☐
              ☐

2 300 + 240 =

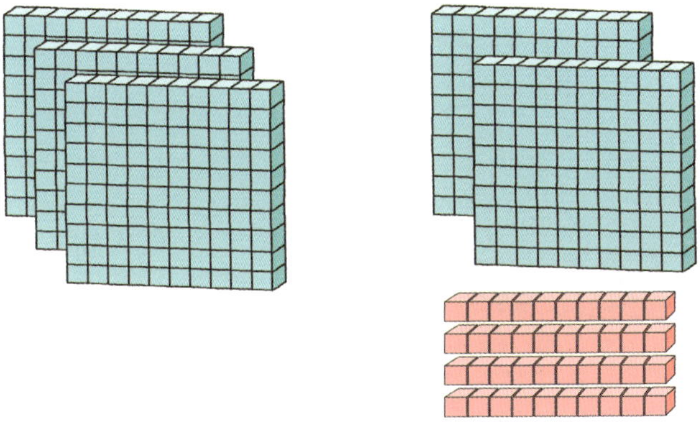

백의 자리 ☐
십의 자리 ☐
일의 자리 ☐
─────
☐

3 305 + 430 =

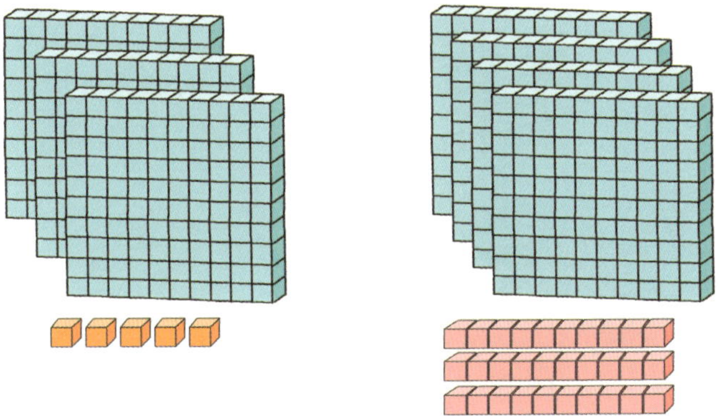

백의 자리 ☐
십의 자리 ☐
일의 자리 ☐
─────
☐

4 324 + 250 =

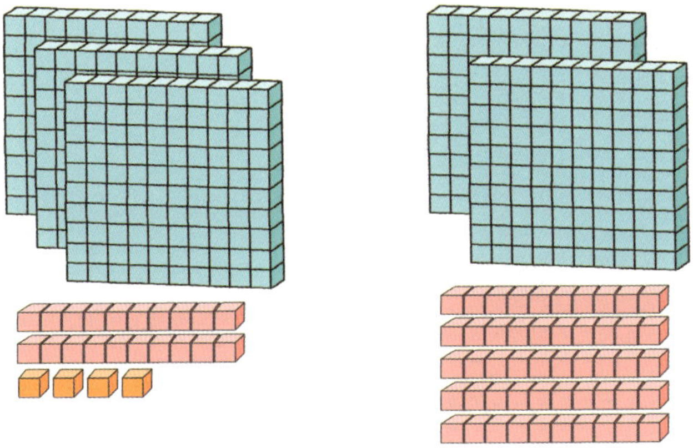

백의 자리 ☐
십의 자리 ☐
일의 자리 ☐
─────
☐

5

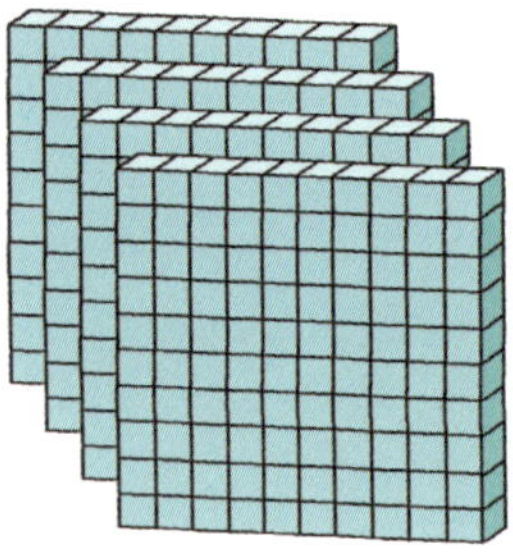

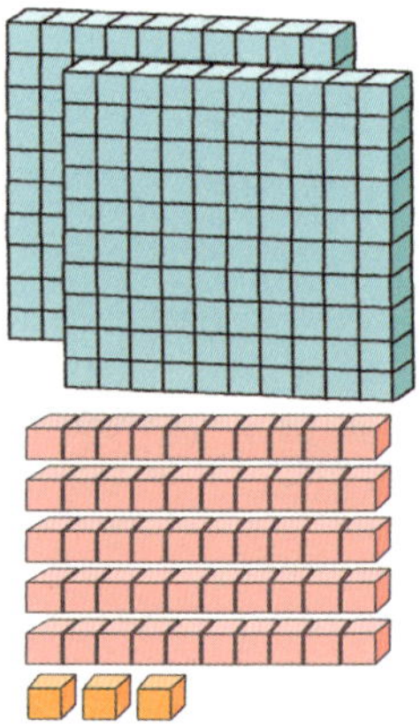

400 + 253 =

백의 자리 ☐
십의 자리 ☐
일의 자리 ☐
─────
☐

6

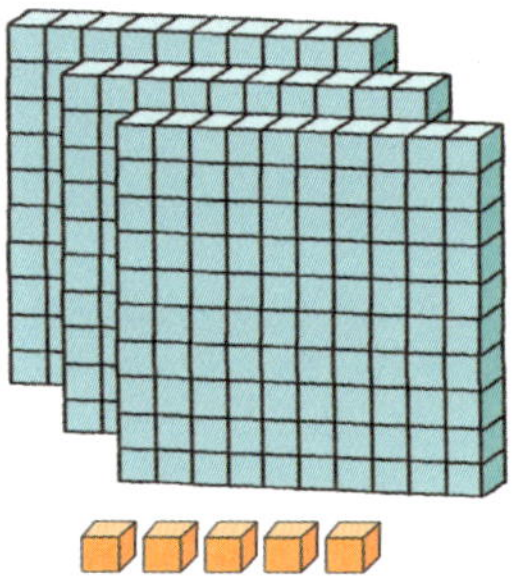

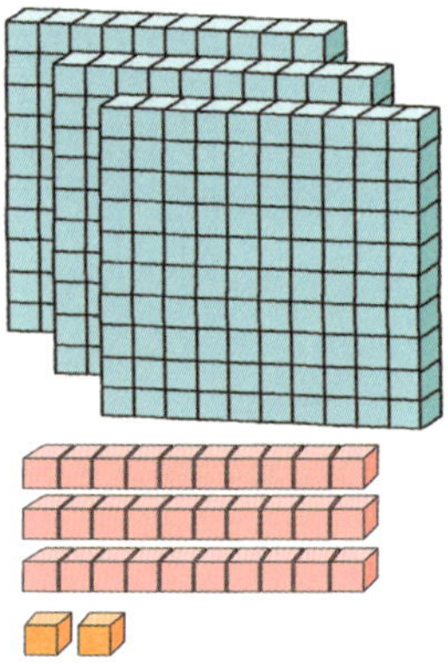

305 + 332 =

백의 자리 ☐
십의 자리 ☐
일의 자리 ☐
─────
☐

7

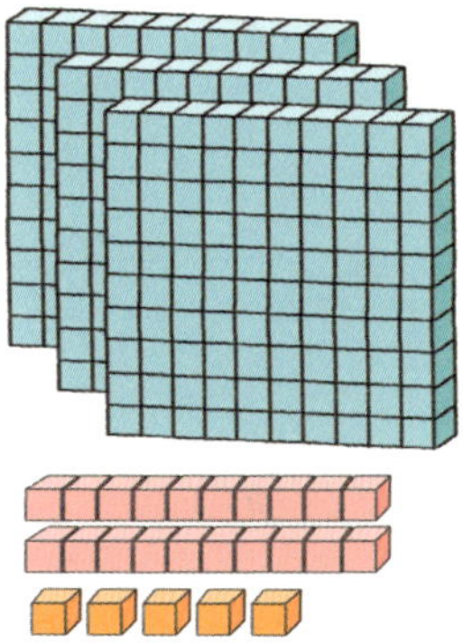

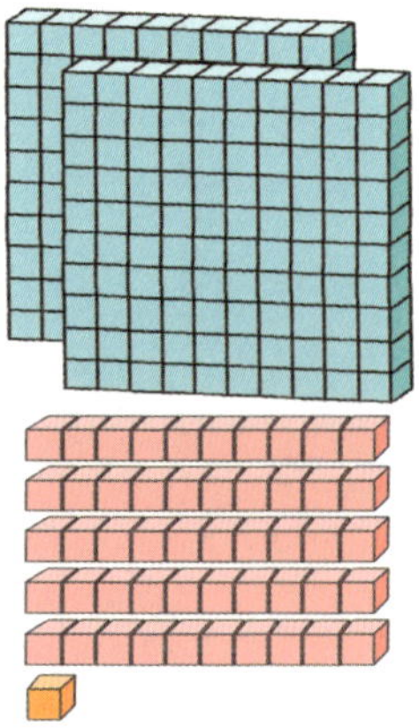

325 + 251 =

백의 자리 ☐
십의 자리 ☐
일의 자리 ☐
─────
☐

8

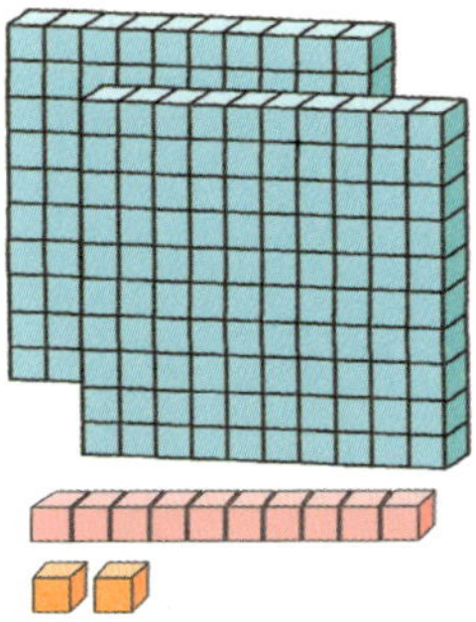

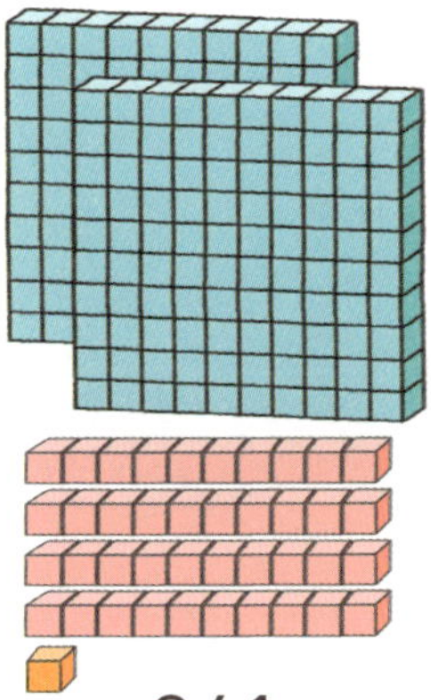

212 + 241 =

백의 자리 ☐
십의 자리 ☐
일의 자리 ☐
─────
☐

9

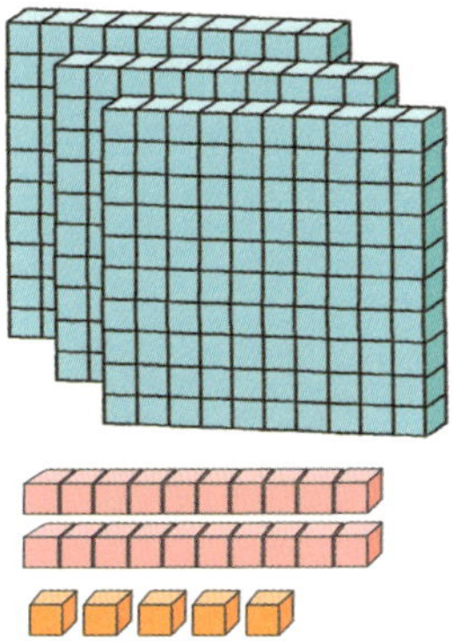

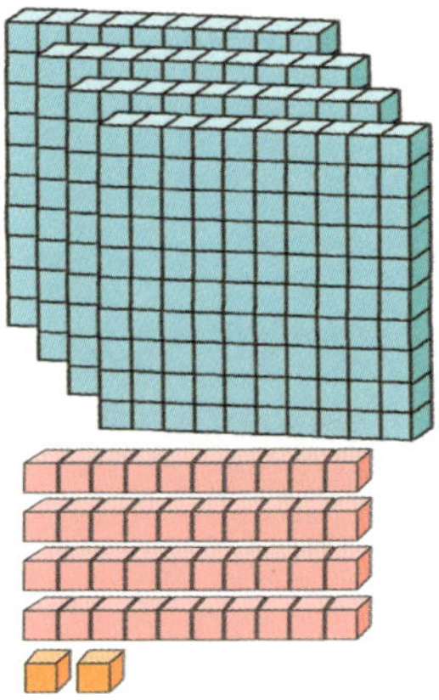

325 + 442 =

백의 자리 ☐
십의 자리 ☐
일의 자리 ☐
─────
☐

10

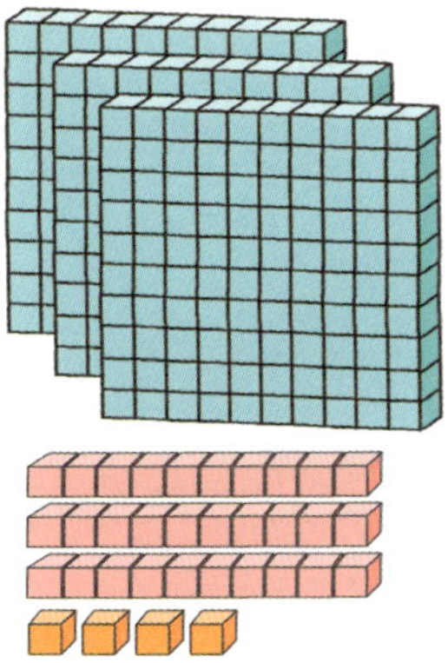

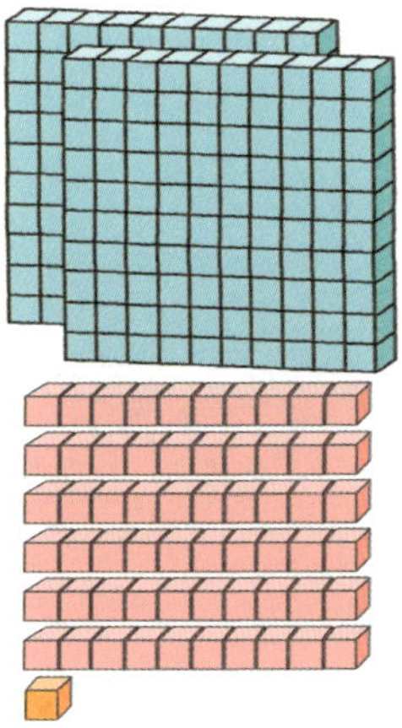

334 + 261 =

백의 자리 ☐
십의 자리 ☐
일의 자리 ☐
─────
☐

세로셈으로 더해요

세로셈을 할 때는 일의 자리, 십의 자리, 백의 자리끼리 맞추어 순서대로 세로로 더합니다.

```
  백의 십의 일의
  자리 자리 자리
   2   0   5
+  1   3   4
─────────────
           9
```
일의 자리를 더해요.

→

```
  백의 십의 일의
  자리 자리 자리
   2   0   5
+  1   3   4
─────────────
       3   9
```
십의 자리를 더해요.

→

```
  백의 십의 일의
  자리 자리 자리
   2   0   5
+  1   3   4
─────────────
   3   3   9
```
백의 자리를 더해요.

1

```
  백의 십의 일의
  자리 자리 자리
   3   0   0
+  2   4   0
─────────────
```

```
  백의 십의 일의
  자리 자리 자리
   5   0   0
+  2   3   0
─────────────
```

```
  백의 십의 일의
  자리 자리 자리
   6   0   0
+  1   5   0
─────────────
```

2

```
   4   0   0
+  1   5   4
─────────────
```

```
   2   5   0
+  1   3   0
─────────────
```

```
   3   2   0
+  4   1   0
─────────────
```

3
```
   3 3 0        4 5 0        3 0 0
 +   6 0      +   3 2      +   3 4
 -------      -------      -------
```

4
```
   3 2 0        3 3 0        3 2 0
 + 2 5 6      + 2 5 6      + 2 2 4
 -------      -------      -------
```

5
```
   2 4 6        4 0 6        2 0 5
 + 2 0 1      + 1 3 1      + 4 1 3
 -------      -------      -------
```

6
```
   1 0 3        3 4 5        5 2 3
 + 3 1 4      + 5 0 3      + 2 0 2
 -------      -------      -------
```

7
```
   3 5 2          3 4 6          4 3 2
+    4 2       +    1 2       +    3 1
---------      ---------      ---------
```

8
```
   3 2 6          3 3 7          4 5 1
+  2 5 2       +  2 5 2       +  2 2 7
---------      ---------      ---------
```

9
```
   2 4 7          4 2 8          2 2 6
+  2 3 1       +  1 3 1       +  4 1 3
---------      ---------      ---------
```

10
```
   1 4 5          3 4 5          5 2 3
+  3 1 4       +  5 4 1       +  4 4 4
---------      ---------      ---------
```

11
```
  7 5 2        5 4 4        4 5 2
+   4 3      +   1 3      +   4 1
-------      -------      -------
```

12
```
  6 2 3        7 3 5        4 5 3
+ 2 5 1      + 2 5 3      + 3 2 1
-------      -------      -------
```

13
```
  7 4 2        8 4 2        3 2 4
+ 2 3 1      + 1 3 6      + 4 1 3
-------      -------      -------
```

14
```
  1 4 3        5 4 5        2 5 7
+ 3 2 4      + 1 4 1      + 3 1 2
-------      -------      -------
```

3  묶인대로 빼요

백 모형끼리 빼고, 십 모형끼리 빼고, 낱개 모형끼리 빼요.
235-104에서
백 모형은 2개에서 1개를 빼면 1개 → 100
십 모형은 3개　　　　　　　　→ 30
낱개 모형은 5개에서 4개를 빼면 1개 → 1
따라서 235에서 104를 빼면 100+30+1=131입니다.

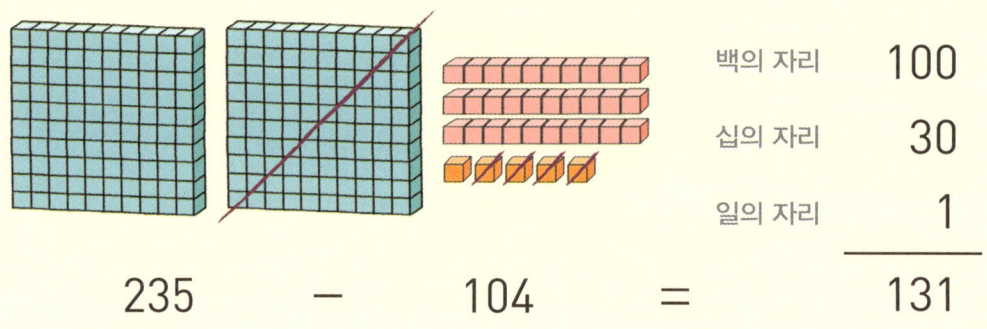

1

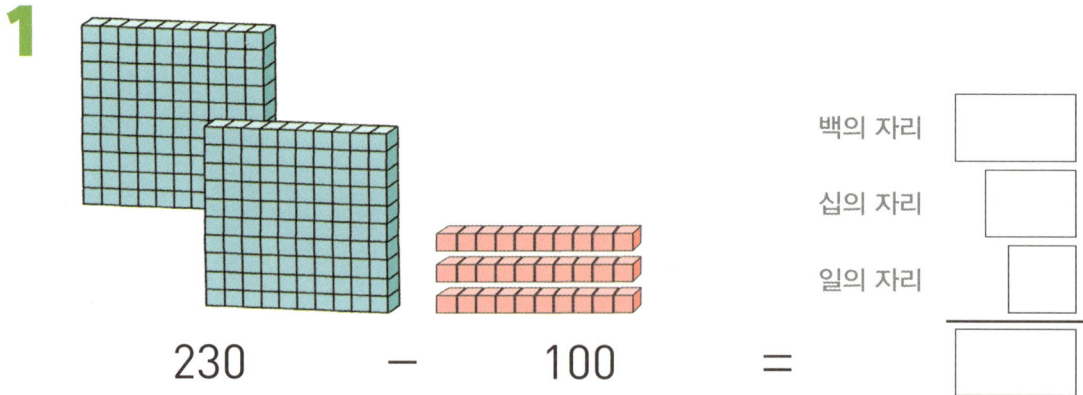

2

340 − 240 =

백의 자리 ☐
십의 자리 ☐
일의 자리 ☐
─────
☐

3

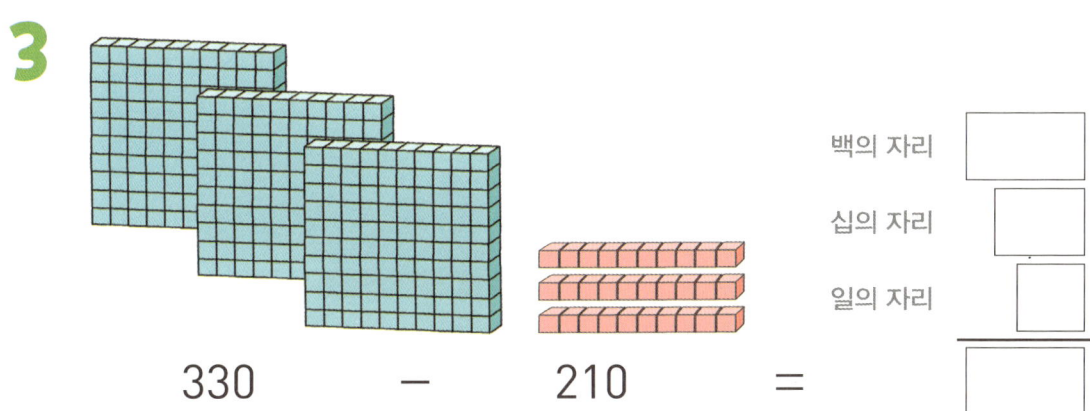

330 − 210 =

백의 자리 ☐
십의 자리 ☐
일의 자리 ☐
─────
☐

4

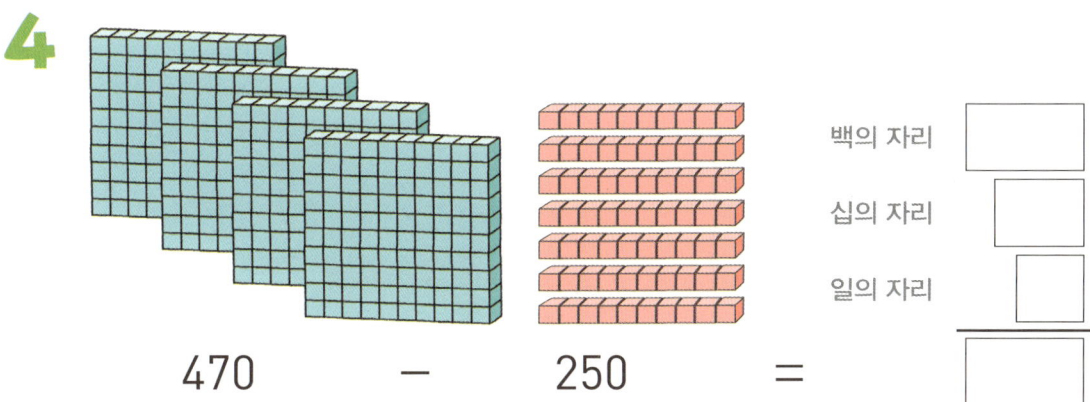

470 − 250 =

백의 자리 ☐
십의 자리 ☐
일의 자리 ☐
─────
☐

5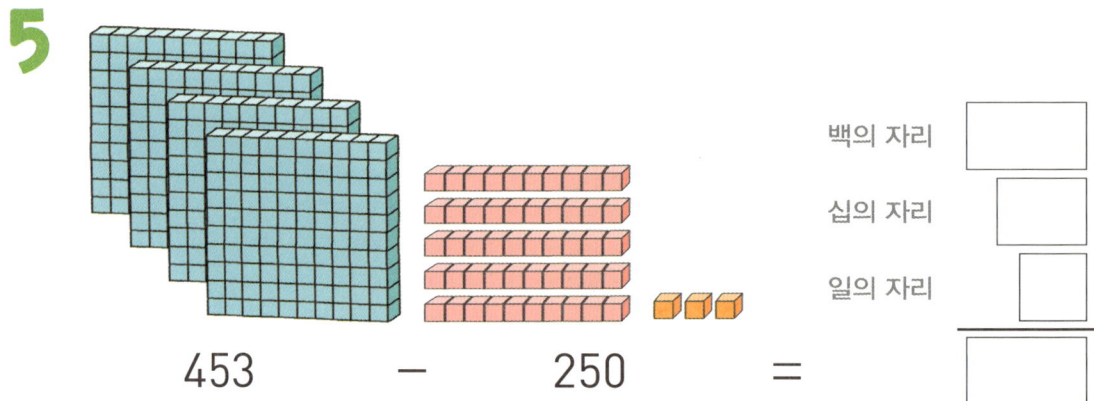

453 − 250 =

백의 자리
십의 자리
일의 자리

6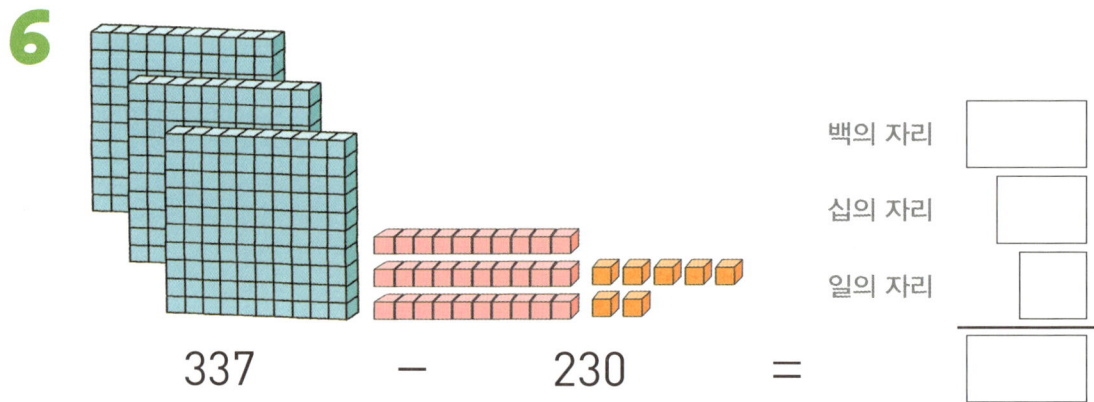

337 − 230 =

백의 자리
십의 자리
일의 자리

7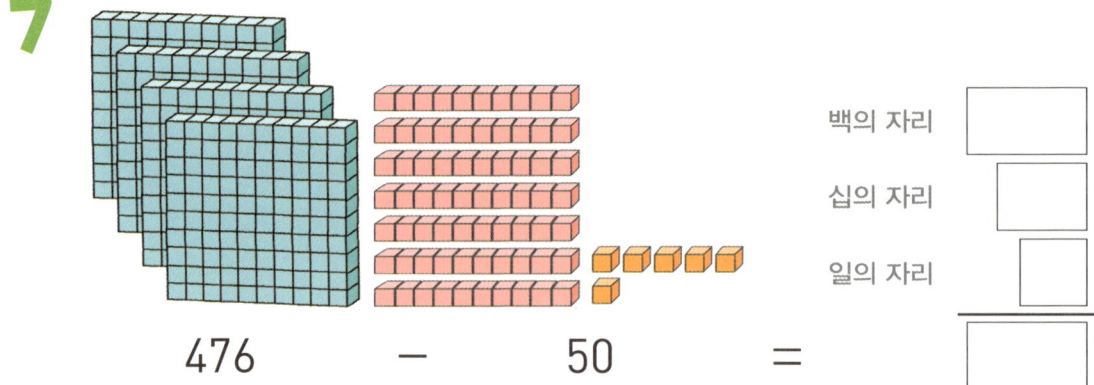

476 − 50 =

백의 자리
십의 자리
일의 자리

8

253 − 41 =

백의 자리 ☐
십의 자리 ☐
일의 자리 ☐
─────
☐

9

567 − 442 =

백의 자리 ☐
십의 자리 ☐
일의 자리 ☐
─────
☐

10

395 − 261 =

백의 자리 ☐
십의 자리 ☐
일의 자리 ☐
─────
☐

4 세로셈으로 빼요

세로셈을 할 때는 일의 자리, 십의 자리, 백의 자리끼리 맞추어 순서대로 세로로 뺍니다.

	백의 자리	십의 자리	일의 자리
	2	8	5
−	1	3	4
			1

일의 자리를 빼요.

	백의 자리	십의 자리	일의 자리
	2	8	5
−	1	3	4
		5	1

십의 자리를 빼요.

	백의 자리	십의 자리	일의 자리
	2	8	5
−	1	3	4
	1	5	1

백의 자리를 빼요.

1

```
  3 7 0        3 7 0        4 6 0
− 2 4 0      − 2 2 0      − 2 4 0
─────────    ─────────    ─────────
```

2

```
  4 9 6        2 5 6        6 2 4
− 1 5 0      − 1 3 0      − 4 1 0
─────────    ─────────    ─────────
```

3

```
  3 3 0        4 5 6        3 5 7
-   2 0      -   4 2      -   3 4
```

4

```
  3 7 0        3 6 7        3 2 4
- 2 5 0      - 2 0 6      - 2 0 4
```

5

```
  2 4 6        4 3 6        6 2 5
- 2 4 1      - 1 3 1      - 4 1 5
```

6

```
  4 6 3        3 4 5        5 2 3
- 3 1 3      - 2 0 3      - 2 0 2
```

7

```
  3 5 2        3 4 6        4 3 2
-   4 2      -   1 2      -   3 1
---------    ---------    ---------
```

8

```
  3 2 6        3 8 7        4 5 1
- 2 0 2      - 2 5 0      - 2 2 0
---------    ---------    ---------
```

9

```
  2 4 7        4 2 8        4 2 6
- 2 3 1      - 1 2 1      - 4 1 3
---------    ---------    ---------
```

10

```
  3 4 5        5 4 5        5 6 7
- 1 1 4      - 3 4 1      - 4 4 4
---------    ---------    ---------
```

11
```
   7 5 4        5 4 4        4 5 2
 -   4 3      -   1 3      -   4 1
 -------      -------      -------
```

12
```
   6 6 3        7 9 5        4 5 3
 - 2 5 1      - 2 5 3      - 3 2 1
 -------      -------      -------
```

13
```
   7 4 2        8 5 9        5 2 4
 - 2 3 1      - 1 3 6      - 4 1 3
 -------      -------      -------
```

14
```
   6 4 5        5 4 5        6 5 7
 - 3 2 4      - 1 4 1      - 3 1 2
 -------      -------      -------
```

 **일의 자리에서 받아올려요**

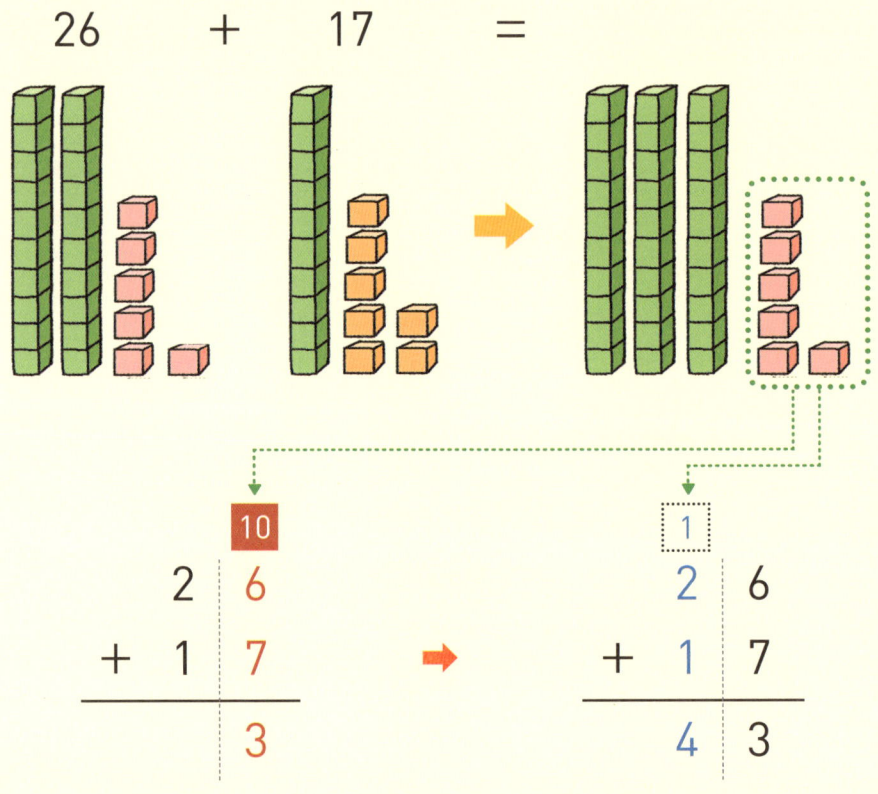

일의 자리는 6＋7＝13이므로 10은 떼어놓고 3만 씁니다.

십의 자리는 받아올림한 1도 함께 더하면 1＋2＋1＝4입니다.

보기

```
    1
  1 5
+ 2 7
─────
  4 2
```

```
    1
  3 2 8
+   5 7
───────
  3 8 5
```

1
```
   □              □
   2 8            4 3
 + 3 4          + 2 7
 -----          -----
```

2
```
   □              □
   4 7            4 8
 + 3 6          + 3 9
 -----          -----
```

3
```
   □              □
   5 3            6 6
 + 2 8          + 2 5
 -----          -----
```

4
```
     □                □
   6 5 4          4 1 7
 +   2 7        +   3 5
 -------        -------
```

○ 다음 덧셈을 하세요.

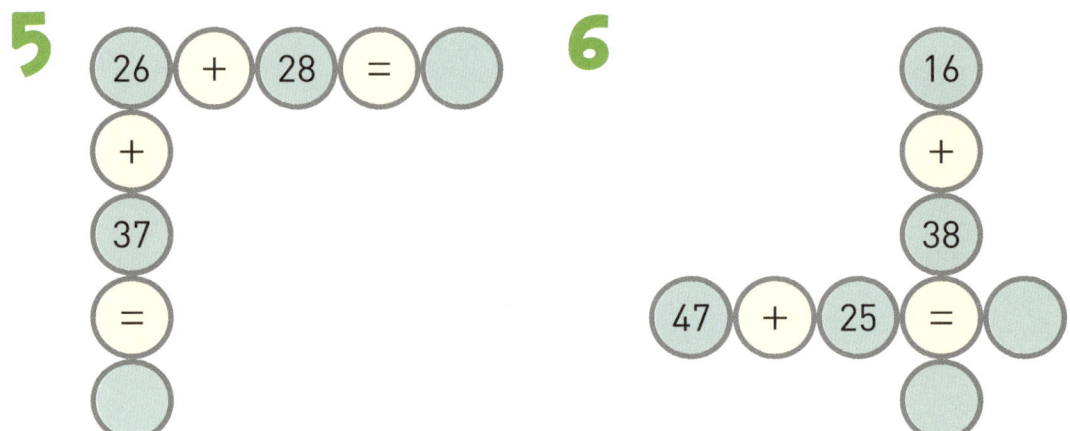

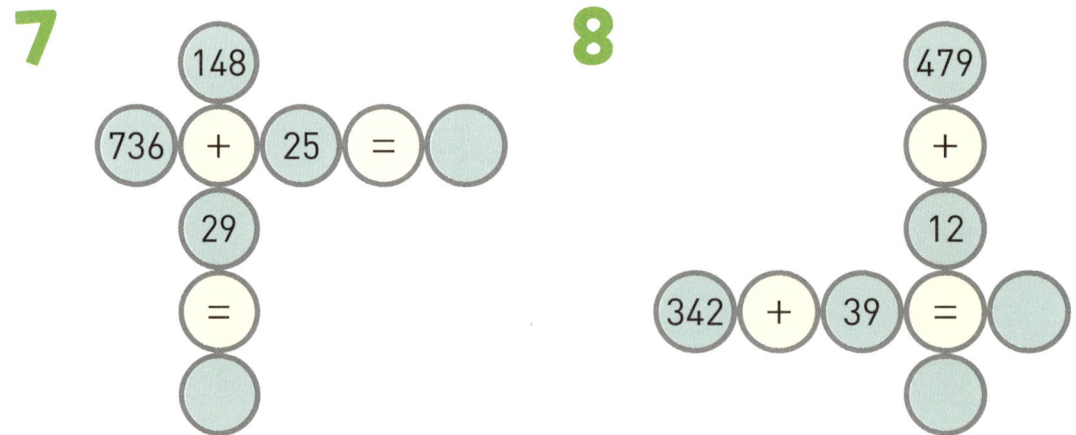

● 덧셈을 한 후, 그 결과를 아래 표에서 찾아 묶어 주세요.
표에서는 수를 가로 또는 세로 방향으로만 읽습니다.

9
```
   1 4 7
 +   3 8
 ───────
```

10
```
   8 3 5
 +   2 7
 ───────
```

11
```
   5 4 4
 +   2 9
 ───────
```

12
```
   6 3 8
 +   4 7
 ───────
```

13
```
   3 4 5
 +   1 8
 ───────
```

14
```
   4 6 8
 +   2 8
 ───────
```

1	1	7	9	3
8	4	6	8	5
5	7	3	6	3
2	9	8	2	1
6	4	9	6	5

61

2 십의 자리에서 받아올려요

십의 자리 수를 더했을 때, 10보다 크면 백의 자리로 받아올려요.

295 + 34 =

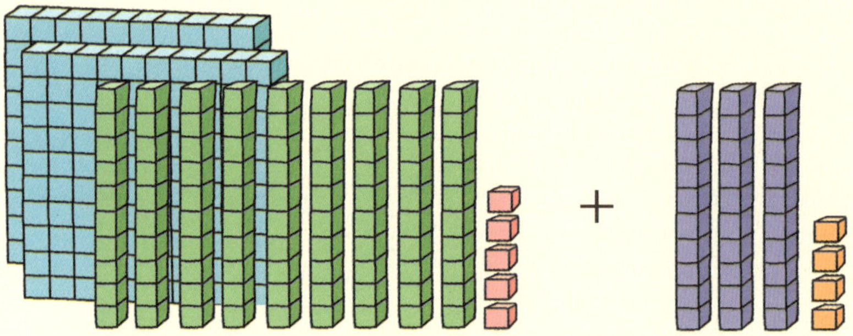

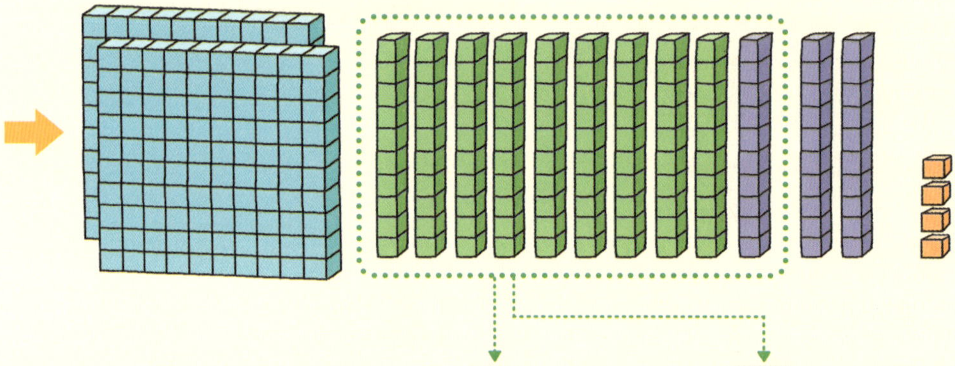

```
    2 9 5          2 9 5          2 9 5
  +   3 4   →    +   3 4   →    +   3 4
  ───────        ───────        ───────
        9          [10]          [1]
                    2 9          3 2 9
```

일의 자리를 더해요.   십의 자리는 9+3=12이므로 10은 떼어놓고 2만 씁니다.   백의 자리는 받아올린 1을 더하면 1+2=3입니다.

보기

```
    ① 
    2 6 2
  +   6 4
  ───────
    3 2 6
```

```
    ①
    3 8 5
  + 2 2 4
  ───────
    6 0 9
```

1

```
    □
    3 5 0
  +   6 0
  ───────
```

```
    □
    3 6 0
  +   8 0
  ───────
```

2

```
    □
    6 4 0
  +   6 3
  ───────
```

```
    □
    2 8 0
  +   5 4
  ───────
```

3

```
    □
    3 5 0
  +   7 2
  ───────
```

```
    □
    1 6 3
  +   7 0
  ───────
```

○ 다음 중에는 옳은 식이 2개 있습니다. 옳은 식을 찾아 ○표 하세요.

4

$$\begin{array}{r} 382 \\ +62 \\ \hline 444 \end{array}$$

$$\begin{array}{r} 382 \\ +37 \\ \hline 409 \end{array}$$

$$\begin{array}{r} 653 \\ +63 \\ \hline 761 \end{array}$$

$$\begin{array}{r} 435 \\ +81 \\ \hline 516 \end{array}$$

$$\begin{array}{r} 393 \\ +50 \\ \hline 343 \end{array}$$

$$\begin{array}{r} 356 \\ +280 \\ \hline 626 \end{array}$$

$$\begin{array}{r} 453 \\ +192 \\ \hline 745 \end{array}$$

○ 덧셈을 한 후, 그 결과를 아래 표에서 찾아 묶어 주세요.
표에서는 수를 가로 또는 세로 방향으로만 읽습니다.

5　　350
　　　+165

6　　146
　　　+270

7　　783
　　　+154

8　　156
　　　+182

9　　172
　　　+563

10　　327
　　　+192

2	5	8	4	7
6	9	5	1	5
3	3	8	6	4
1	7	3	5	2
5	5	1	9	8

십의 자리에서 받아내려요

일의 자리 수에서 빼는 수가 더 크면 십의 자리에서 1을 받아내려요.

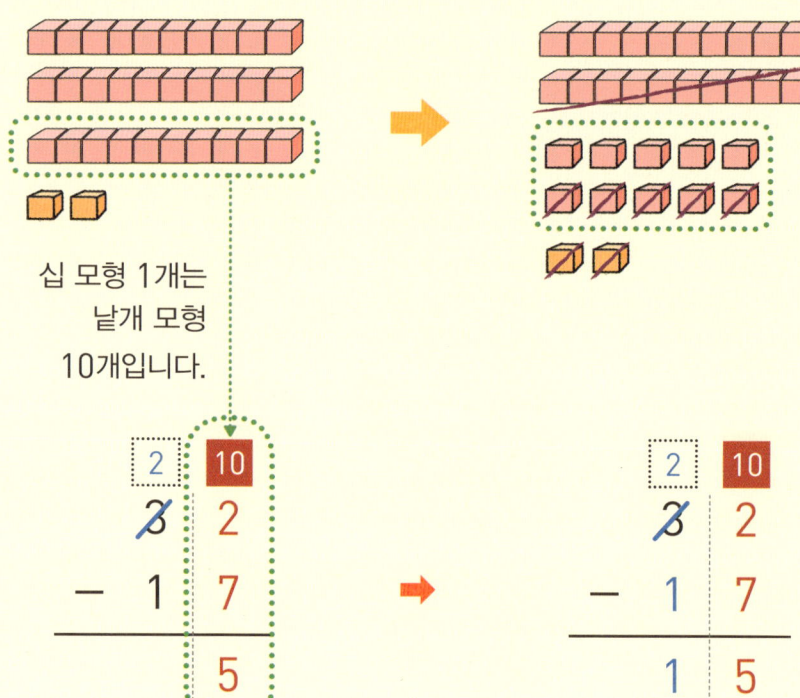

십 모형 1개는 낱개 모형 10개입니다.

낱개 모형은 10＋2개에서 7개를 빼면 5개입니다. 그래서 일의 자리 수는 5이지요.

십의 자리는 3－1이 아니라 2－1입니다.

보기

1
```
  □ ■
  5 2
- 3 7
-----
```
　　　
```
  □ ■
  8 4
- 2 6
-----
```

2
```
  □ ■
  5 6
- 4 8
-----
```
　　　
```
  □ ■
  3 2
- 1 9
-----
```

3
```
  □ ■
  4 4
- 2 9
-----
```
　　　
```
  □ ■
  7 6
- 4 7
-----
```

4
```
  □ ■
  7 2
- 4 8
-----
```
　　　
```
  □ ■
  7 3
- 6 7
-----
```

67

○ 다음 뺄셈을 하세요.

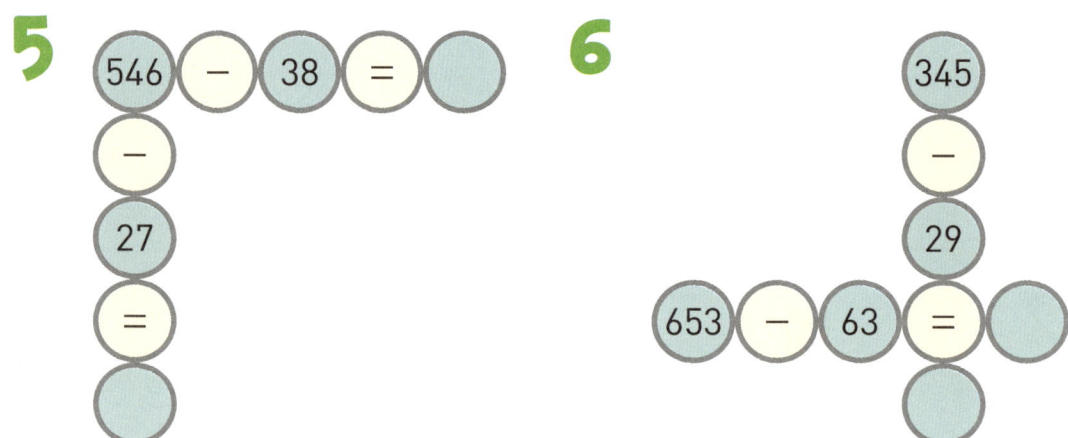

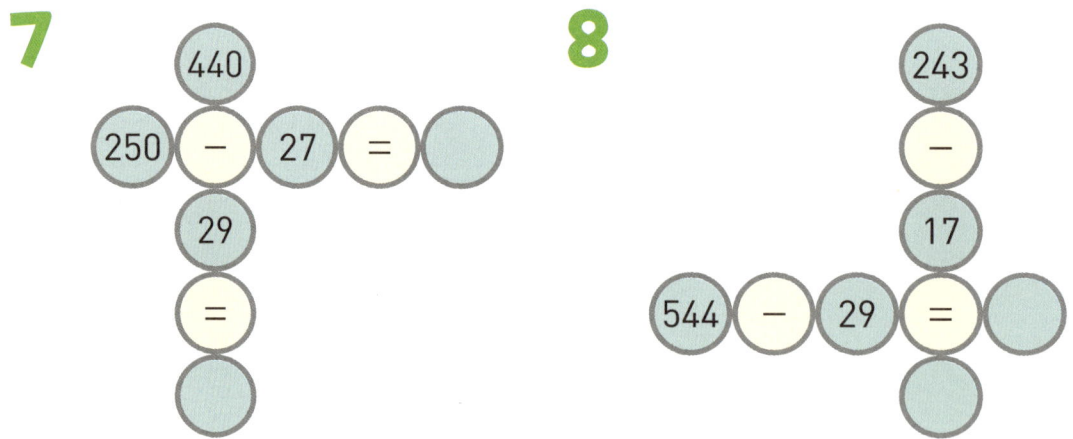

○ 뺄셈을 한 후, 그 결과를 아래 표에서 찾아 묶어 주세요.
표에서는 수를 가로 또는 세로 방향으로만 읽습니다.

9   162 − 25

10 474 − 57

11 250 − 37

12 247 − 18

13 158 − 29

14 645 − 18

8	6	5	5	2
7	2	1	3	0
1	7	3	4	1
4	1	7	9	2
5	0	2	2	9

백의 자리에서 받아내려요

십의 자리 수의 계산에서 빼는 수가 더 크면 백의 자리에서 1을 받아 내려요.

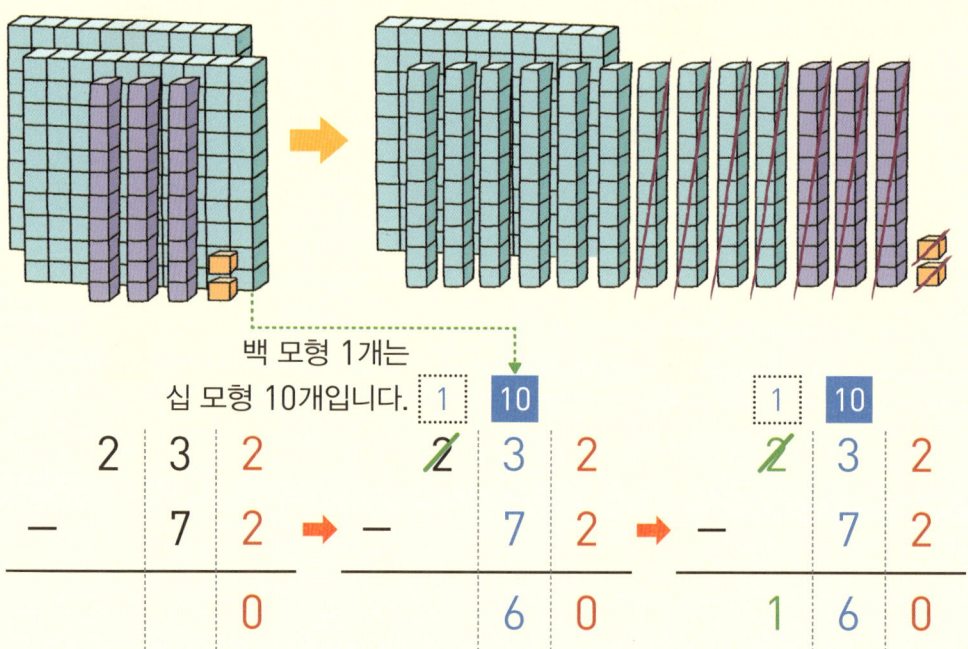

일의 자리끼리 뺍니다.

십 모형은 10+3 개에서 7개를 빼면 6개입니다. 그래서 십의 자리 수는 6이 지요.

백의 자리는 2가 아니라 1입니다.

보기		2	10	
		3̷	4	3
	−		6	2
		2	8	1

뺄셈은
일의 자리부터 합니다.
그 다음에 십의 자리, 백의자리
순서로 합니다.

1
```
    □   ■
  1 2   8
 -  3   4
 ─────────
```

```
    □   ■
  4 1   6
 -  2   6
 ─────────
```

2
```
    □   ■
  2 4   8
 -  6   8
 ─────────
```

```
    □   ■
  3 1   9
 -  8   9
 ─────────
```

3
```
    □   ■
  2 2   9
 -  3   8
 ─────────
```

```
    □   ■
  2 4   9
 -  7   7
 ─────────
```

4
```
    □   ■
  4 7   9
 -  8   8
 ─────────
```

```
    □   ■
  5 5   8
 -  6   7
 ─────────
```

○ 다음 중에는 옳은 식이 3개 있습니다. 옳은 식을 찾아 ○표 하세요.

5

```
  2 5 2
-   6 1
-------
  1 9 1
```

```
  6 7 3
-   8 3
-------
  4 9 0
```

```
  3 4 5
-   5 0
-------
  2 8 5
```

```
  2 4 3
-   8 2
-------
  1 5 1
```

```
  5 4 4
-   9 2
-------
  4 3 2
```

```
  4 4 0
-   7 0
-------
  3 7 0
```

```
  2 5 0
-   9 0
-------
  1 6 0
```

○ 뺄셈을 한 후, 그 결과를 아래 표에서 찾아 묶어 주세요.
표에서는 수를 가로 또는 세로 방향으로만 읽습니다.

6
```
  3 1 9
-   2 9
```

7
```
  2 1 7
-   3 7
```

8
```
  5 1 9
-   2 8
```

9
```
  2 4 7
-   8 7
```

10
```
  1 5 8
-   8 4
```

11
```
  3 6 4
-   9 1
```

3	6	4	2	9
7	2	7	3	8
4	9	1	5	2
2	0	8	2	9
1	6	0	4	0

5 세 수의 계산

세 수를 계산할 때는 계산이 편리하게 순서를 바꾸어도 됩니다.

36＋5－6   36－6＋5
  41   30
    35   35

받아올리고   받아올림, 내림이
받아내렸어요.   전혀 없어요.

> 어느 두 수를 먼저 계산할지 그때그때 판단하세요.

보기

105－7＋12 ➡ 105－7＋12＝105＋12－7
                              117
                                 110

105＋12 를 먼저 계산한다.

1 125－5＋18 ➡

_____ 를 먼저 계산한다.

2 246+17-6 ➡

_____을 먼저 계산한다.

3 223+29-7 ➡

_____을 먼저 계산한다.

4 524+7-21 ➡

_____을 먼저 계산한다.

5 21-6+115 ➡

_____를 먼저 계산한다.

1 다음 계산을 하세요.

①
```
   4 8
+  3 1
───────
```

②
```
   2 8
+  5 0
───────
```

③
```
   2 7
+  3 2
───────
```

④
```
  1 4 8
+   3 2 1
─────────
```

⑤
```
  1 2 9
+   4 0 0
─────────
```

⑥
```
  4 8 0
+   3 1 2
─────────
```

⑦
```
  6 5 7
−   3 2 0
─────────
```

⑧
```
  3 5 2
−   1 3 1
─────────
```

⑨
```
  3 5 5
−   2 2 2
─────────
```

2 다음 계산을 하세요.

①
```
   4 5
+  3 7
------
```

②
```
   5 8
+  2 9
------
```

③
```
   2 7
+  8 2
------
```

④
```
  1 2 8
+ 3 2 6
-------
```

⑤
```
  1 1 8
+ 4 9 1
-------
```

⑥
```
  4 2 5
+ 3 8 4
-------
```

⑦
```
  1 8 2
-   2 9
-------
```

⑧
```
  1 3 8
-   8 7
-------
```

⑨
```
  3 4 7
-   3 8
-------
```

77

3 빈칸에 알맞은 수를 쓰세요.

4 덧셈 계단을 완성하세요.

①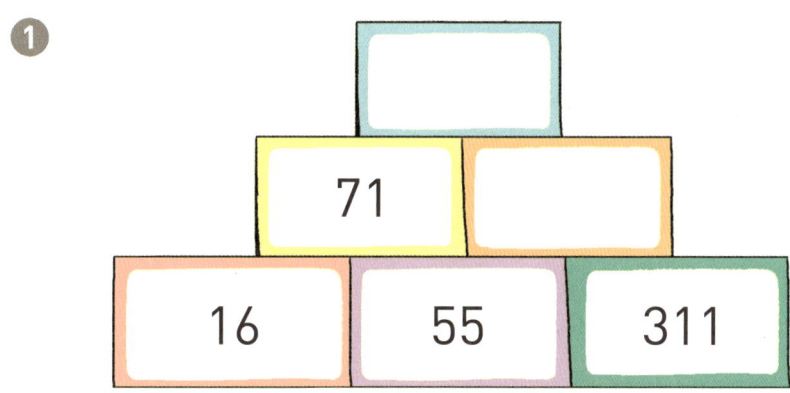

②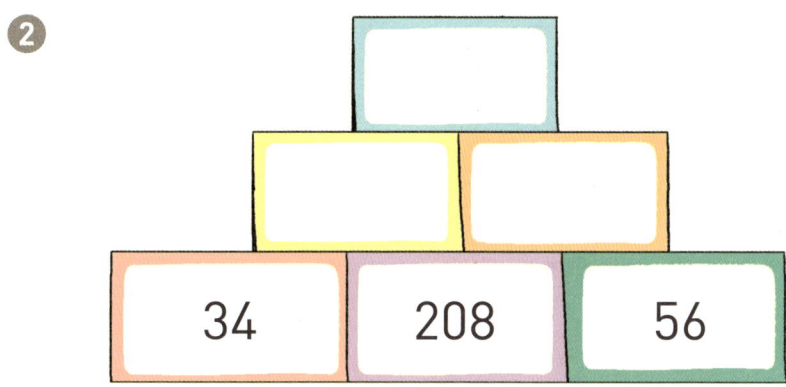

③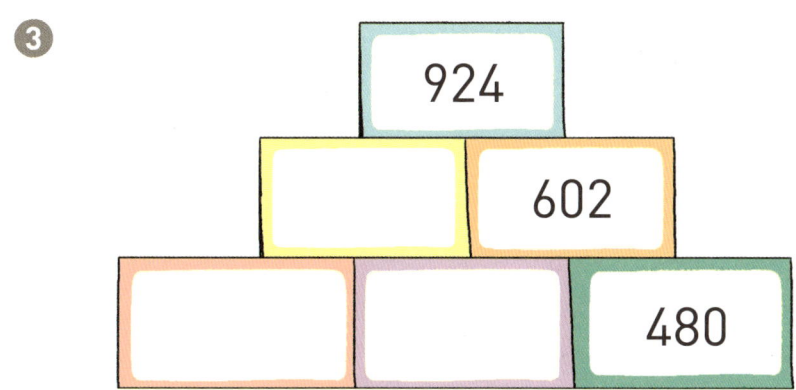

5 다음은 문방구에서 물건을 산 영수증입니다. 빈칸을 채워주세요.

6 거북이의 다리가 보이지 않습니다. 아래 계산을 해서 거북이가 어디로 갈지 알아보세요.

□ □
61 141

□ □ □ □   □
109 16 99 71   15

```
   5 1
 - 3 6
 ─────
  [곳]
```

```
   2 8          2 5         1 1 6
 + 3 3        + 8 4        +   2 5
 ─────        ─────        ───────
  [네]         [놀]          [가]
```

```
  1 2 4         3 0         1 0 7
 -  2 5       - 1 4         -  3 6
 ─────        ─────        ───────
  [주]         [아]          [는]
```

숫자놀이 1 육각형 안에 셈을 만들어요

육각형 안에 수 또는 연산 기호가 있어요. 덧셈이나 뺄셈의 식이 성립하게 육각형에 선을 그어주세요. 각각의 육각형에는 딱 한 번만 선이 지나가야 합니다.

보기

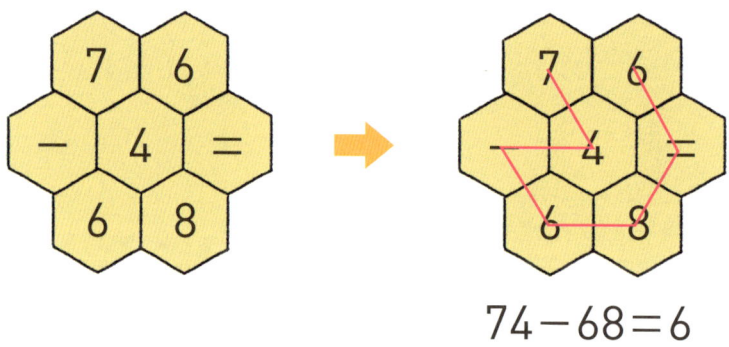

74－68＝6

❶ ❷

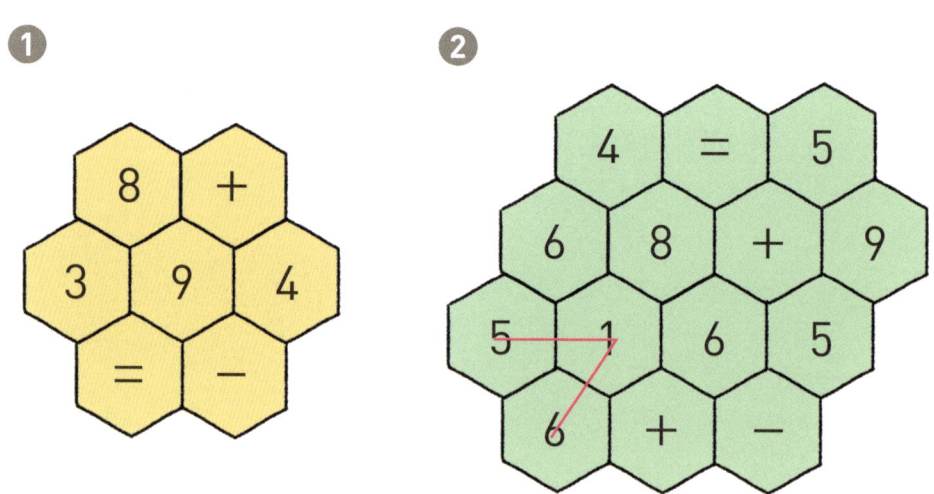

마법의 사각형을 만들어요

가로, 세로의 합이 **100**이 되도록 아래 표 안의 수의 앞, 뒤에 적당한 수를 써 보세요.

보기

18	8	4
69	6	5
1	6	21

➡

18	8	74
69	26	5
13	66	21

❶

1	39	7
36	4	10
5	7	43

➡

1☐	39	☐7
36	☐4	10
5☐	7	43

❷

4	13	46
2	6	9
35	2	4

➡

4☐	13	46
2☐	6☐	9
35	2☐	4☐

83

숫자놀이 3 — 미로를 탈출해요

마법소녀가 미로 안에 갇혀 있어요. 미로에서 빠져나가려면 지나는 길에 있는 수를 모두 더해서 출구에 버티고 있는 도깨비에게 말해야 해요. 뒤따라 오고 있는 괴물을 피해서 얼른 미로를 탈출해요. 미로를 빠져나가는 길에 있는 수를 모두 더하면 몇인가요?

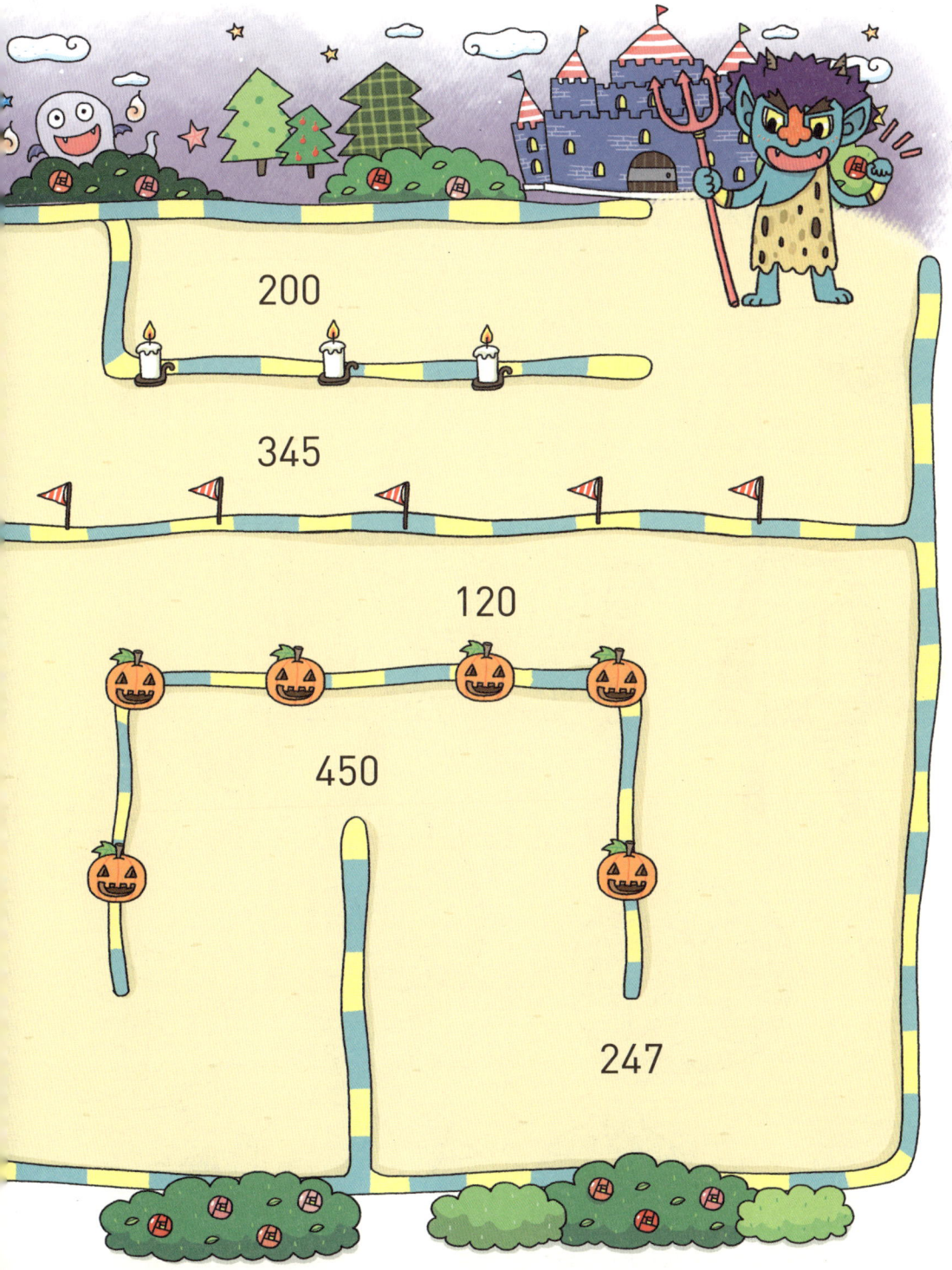

3 덧셈, 뺄셈 뛰기

자, 여기 모자란 10을 빌려줄게~!

우와~! 10이다! 고마워~!

받아올리는 덧셈

일의 자리를 더해서 10이 넘으면 십의 자리로 받아올려요.
십의 자리를 더해서 또 10이 넘으면 백의 자리로 받아올려요.
받아올리는 수는 작은 글자로 써놓으면 좋습니다.

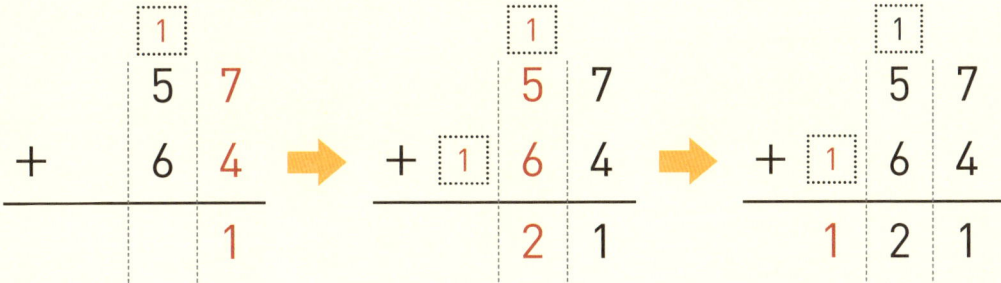

일의 자리
7+4=11에서 10은 받아올리고 1만 쓴다.

십의 자리
1+5+6=12에서 10은 받아올리고 2만 쓴다.

백의 자리에 받아올린 1을 쓴다.

받아내리는 뺄셈

일의 자리에서 빼는 수가 더 크면 십의 자리에서 받아내려요.
십의 자리에서 빼는 수가 더 크면 백의 자리에서 받아내려요.
받아내림한 후 사선을 긋고 작은 글자로 작아진 수를 써놓으면 좋습니다.

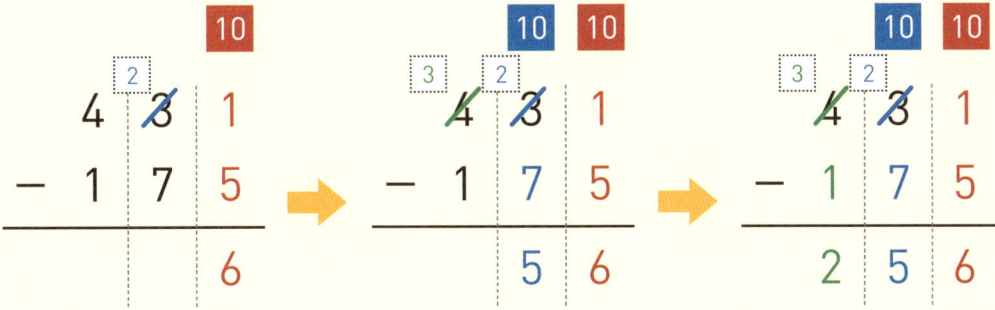

십의 자리에서 1을 받아내려 11−5를 계산한다.

백의 자리에서 1을 받아내려 12−7을 계산한다.

백의 자리를 계산한다.

두 자리 수를 더해요 (1)

(1) 받아올리는 덧셈

원리

57+64 ➡ 50 | 60 ➡ 110 ➡ 121
　　　　 7 | 4 　　 11

십의 자리와 일의 자리로 나눈다.
십의 자리끼리 더하고, 일의 자리끼리 더한다.
두 수를 더한다.

1 64+77 ➡ 60 □ ➡ □ ➡ □
　　　　　　 4 □ 　 □

2 45+76 ➡ □ □ ➡ □ ➡ □
　　　　　　 □ □ 　 □

3 37+85 ➡ □ □ ➡ □ ➡ □
　　　　　　 □ □ 　 □

💡 방법

```
    1
   5 7          1              1
 + 6 4    →   + 1 6 4    →   + 1 6 4
 ─────        ─────────      ─────────
     1           2 1           1 2 1
       5 7         5 7
```

일의 자리 7+4=11에서 10은 받아올리고 1만 쓴다.

십의 자리 1+5+6=12에서 10은 받아올리고 2만 쓴다.

백의 자리에 받아올린 1을 쓴다.

4
```
    □              □
   6 4            6 4
 +□ 7 7        +□ 7 8
 ───────       ───────
```

5
```
    □              □
   4 5            4 5
 +□ 7 6        +□ 8 6
 ───────       ───────
```

6
```
    □              □
   3 7            3 7
 +□ 8 5        +□ 9 6
 ───────       ───────
```

○ 다음 계산을 하세요.

7 25+85   47+73

> 98을 더하는 대신 100을 더하고 2를 빼요.

8 25+98   47+86

> 99를 더하는 대신 100을 더하고 1을 빼요.

9 53+99   46+75

10
```
   3 8          7 2
+  8 3       +  8 8
-------      -------
```

11
```
   5 5          4 6
+  5 5       +  7 9
-------      -------
```

> 79를 더하는 대신 80을 더하고 1을 빼요.

● 다음 중 옳은식에는 옳음, 틀린식에는 틀림으로 답하세요.

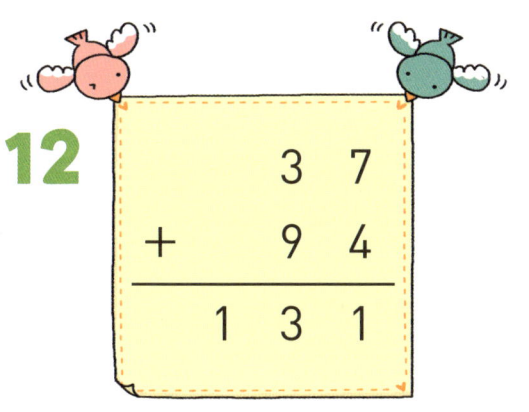

12
```
   3 7
+  9 4
-------
 1 3 1
```

13
```
   4 5
+  8 5
-------
 1 2 0
```

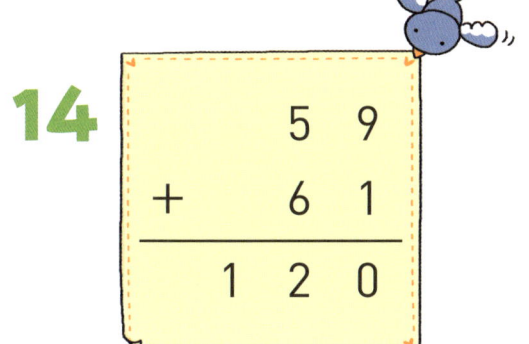

14
```
   5 9
+  6 1
-------
 1 2 0
```

15
```
   6 5
+  6 6
-------
 1 3 1
```

16
```
   7 3
+  5 7
-------
 1 3 0
```

17
```
   4 9
+  7 5
-------
 1 2 4
```

2 두 자리 수를 더해요 (2)

원리

53+48 ➡ 50 | 40 ➡ 90 ➡ 101
         3 | 8   11

십의 자리와 일의 자리로 나눈다.
십의 자리끼리 더하고, 일의 자리끼리 더한다.
십의 자리를 받아올린다.

1 54+48 ➡ 50 ☐ ➡ ☐ ➡ ☐
              4 ☐   ☐

2 25+76 ➡ ☐ ☐ ➡ ☐ ➡ ☐
              ☐ ☐   ☐

3 19+83 ➡ ☐ ☐ ➡ ☐ ➡ ☐
              ☐ ☐   ☐

 **방법**

```
      1
    5 3              1               1
  + 4 8          5 3            5 3
  ─────    →  + 1 4 8    →   + 1 4 8
      1        ─────          ─────
                 0 1           1 0 1
```

일의 자리 3+8=11 에서 10은 받아올리고 1만 쓴다.

십의 자리 1+5+4=10에서 10은 받아올리고 0만 쓴다.

백의 자리에 받아올린 1을 쓴다.

4
```
      □                    □
    5 4                  5 4
  +□4 8                +□4 9
  ─────                ─────
```

5
```
      □                    □
    2 5                  2 5
  +□7 6                +□8 6
  ─────                ─────
```

6
```
      □                    □
    1 9                  1 9
  +□8 3                +□9 4
  ─────                ─────
```

○ 다음 계산을 하세요.

7 25+75   47+53

> 78을 더하는 대신 80을 더하고 2를 빼요.

8 25+78   45+56

> 69를 더하는 대신 70을 더하고 1을 빼요.

9 52+48   36+69

10
```
   3 8         7 2
+  6 3      +  2 8
-------     -------
```

11
```
   5 5         1 6
+  4 5      +  8 8
-------     -------
```

> 88을 더하는 대신 더 간단한 방법은?

○ 다음 중 옳은식에는 옳음, 틀린식에는 틀림으로 답하세요.

12
```
   2 6
+  7 4
-------
 1 0 0
```

13
```
   4 6
+  5 7
-------
 1 0 3
```

14
```
   3 9
+  6 1
-------
 1 0 0
```

15
```
   4 3
+  5 9
-------
   9 2
```

16
```
   7 3
+  2 8
-------
 1 0 2
```

17
```
   4 9
+  5 7
-------
 1 0 6
```

3 세 자리 수를 더해요 (1)

253+48 ➡ 200 / 50 40 / 3 8 ➡ 200 / 90 / 11 ➡ 301

십의 자리와 일의 자리로 나눈다.

백, 십, 일의 자리끼리 더한다.

십의 자리를 받아올린다.

1 573+28 ➡ 500 / 70 ☐ / 3 ☐ ➡ ☐ / ☐ / ☐ ➡ ☐

2 158+57 ➡ ☐ / ☐ ☐ / ☐ ☐ ➡ ☐ / ☐ / ☐ ➡ ☐

3 245+76 ➡ ☐ / ☐ ☐ / ☐ ☐ ➡ ☐ / ☐ / ☐ ➡ ☐

방법

```
     1
  2  5  3              2  5  3              2  5  3
+     4  8      →    +  1  4  8      →    + [1] 4  8
───────────          ───────────          ───────────
        1                  0  1           3  0  1
```

일의 자리 3+8=11
에서 10은 받아올리고
1만 쓴다.

십의 자리
1+5+4=10에서 10
은 받아올리고 0만 쓴다.

백의 자리는 2와 받아
올린 1을 더한다.

4
```
     5  7  3              5  7  3
  +  □  2  8           +  □  2  9
```

5
```
     1  5  8              1  5  8
  +  □  5  7           +  □  6  7
```

6
```
     2  4  5              2  4  5
  +  □  7  6           +  □  8  7
```

○ 다음 계산을 하세요.

7 355+75   277+54

8 525+79   327+93

(79를 더하는 대신 더 간단한 방법은?)

9 159+74   623+87

10
```
   2 5 8        4 8 2
 +   6 7      +   2 8
 -------      -------
```

11
```
   6 8 5        1 5 6
 +   8 4      +   8 9
 -------      -------
```

(89를 더하는 대신 더 간단한 방법은?)

○ 다음 중 옳은식에는 옳음, 틀린식에는 틀림으로 답하세요.

12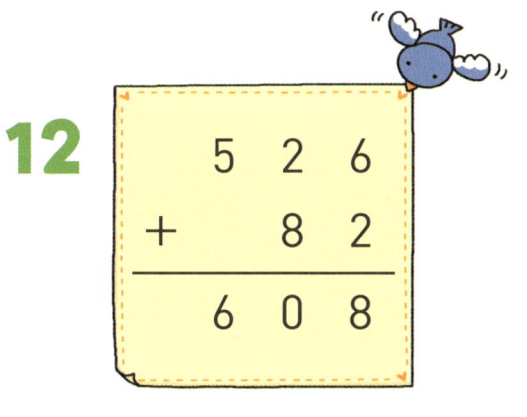

13

14

15

16

17

4 세 자리 수를 더해요 (2)

237+586 ➡ 200 | 500 ➡ 700 ➡ 823
　　　　　　 30 | 80 　　110
　　　　　　 7 | 6 　　　13

십의 자리와 일의 자리로 나눈다.　　백, 십, 일의 자리끼리 더한다.　　모두 더한다.

1 375+428 ➡ 300 / ☐ ➡ ☐ ➡ ☐
　　　　　　　 70 / ☐ 　 ☐
　　　　　　　 5 / ☐ 　 ☐

2 169+368 ➡ ☐ / ☐ ➡ ☐ ➡ ☐
　　　　　　　 ☐ / ☐ 　 ☐
　　　　　　　 ☐ / ☐ 　 ☐

3 542+279 ➡ ☐ / ☐ ➡ ☐ ➡ ☐
　　　　　　　 ☐ / ☐ 　 ☐
　　　　　　　 ☐ / ☐ 　 ☐

방법

```
  ⬜1
   2  3  7
+  5  8  6
─────────
         3
```
일의 자리 7+6=13 에서 10은 받아올리고 3만 쓴다.

➡

```
 ⬜1 ⬜1
   2  3  7
+  5  8  6
─────────
      2  3
```
십의 자리 1+3+8=12에서 10은 받아올리고 2만 쓴다.

➡

```
 ⬜1 ⬜1
   2  3  7
+  5  8  6
─────────
   8  2  3
```
백의 자리는 받아올린 1도 더하면 2+5+1=8이 된다.

4
```
   ⬜ ⬜
   3  7  5
+  4  2  8
─────────
```

```
   ⬜ ⬜
   3  7  5
+  4  2  9
─────────
```

5
```
   ⬜ ⬜
   1  6  9
+  3  6  8
─────────
```

```
   ⬜ ⬜
   1  6  9
+  3  7  8
─────────
```

6
```
   ⬜ ⬜
   5  4  2
+  2  7  9
─────────
```

```
   ⬜ ⬜
   5  5  3
+  2  7  9
─────────
```

○ 다음 계산을 하세요.

7 422+199   267+354

8 575+276   429+193

9 179+274   323+555

10
```
    2 5 8          4 9 2
+   1 6 7      +   2 4 8
---------      ---------
```

11
```
    6 4 5          1 6 6
+   1 7 7      +   1 8 9
---------      ---------
```

● 다음 중 옳은식에는 옮음, 틀린식에는 틀림으로 답하세요.

12. 276 + 154 = 430

13. 146 + 259 = 405

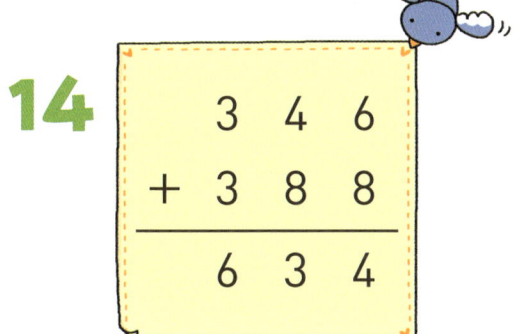

14. 346 + 388 = 634

15. 529 + 177 = 616

16. 536 + 185 = 721

17. 286 + 358 = 644

두 자리 수를 빼요

(2) 받아내리는 뺄셈

빼는 수가 더 크면 윗자리에서 1을 받아내려요.
십의 자리의 1은 일의 자리로 오면 10이 되고,
백의 자리의 1도 십의 자리로 오면 10이 됩니다.

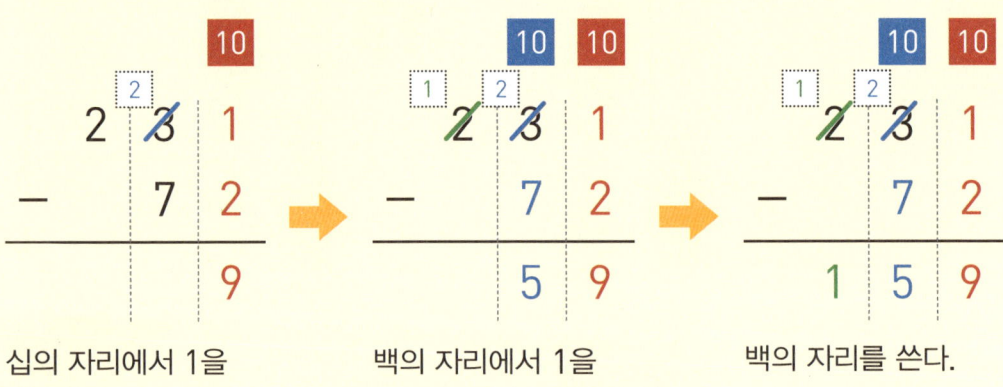

십의 자리에서 1을 받아내려 11−2를 계산한다.

백의 자리에서 1을 받아내려 12−7을 계산한다.

백의 자리를 쓴다.

보기

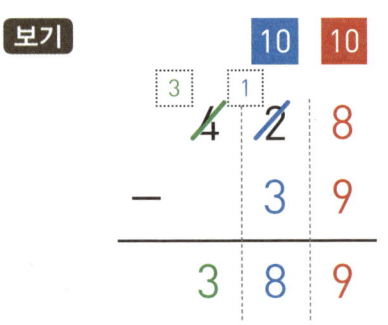

뺄셈은 일의 자리부터 합니다. 그 다음에 십의 자리, 백의 자리 순서로 합니다.

1   110   428
      − 37   − 29

2   845   356
      − 68   − 59

3   236   650
      − 48   − 78

4   425   545
      − 88   − 77

○ 다음 뺄셈을 하세요.

5 252 − 67 = ◯
− 68
= ◯

6 345 − 66
673 − 87 = ◯

7 440
253 − 56 = ◯
77
= ◯

8 222 − 86
544 − 98 = ◯

○ 뺄셈을 한 후, 그 결과를 아래 표에서 찾아 묶어 주세요.
  표에서는 수를 가로 또는 세로 방향으로만 읽습니다.

9 320 − 79

10 237 − 38

11 522 − 27

12 245 − 87

13 151 − 84

14 365 − 99

2	3	4	2	3
6	7	1	5	8
6	2	4	1	7
8	2	9	9	2
7	8	5	9	1

107

세 자리 수를 빼요

빼는 수가 더 크면 윗자리에서 1을 받아내려요.
십의 자리의 1은 일의 자리로 오면 10이 되고,
백 자리의 1도 십의 자리로 오면 10이 됩니다.

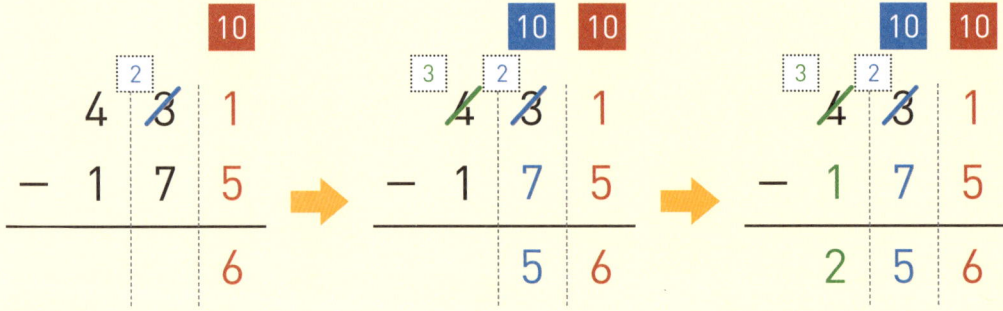

십의 자리에서 1을 받아내려 11−5를 계산한다.

백의 자리에서 1을 받아내려 12−7을 계산한다.

백의 자리를 계산한다.

보기

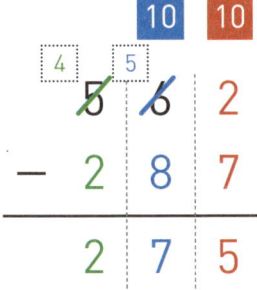

뺄셈은 일의 자리부터 합니다. 그 다음에 십의 자리, 백의 자리 순서로 합니다.

1   452   424
     − 177   − 136

2   824   347
     − 525   − 258

3   536   450
     − 448   − 256

4   425   244
     − 124   − 167

○ 다음 뺄셈을 하세요.

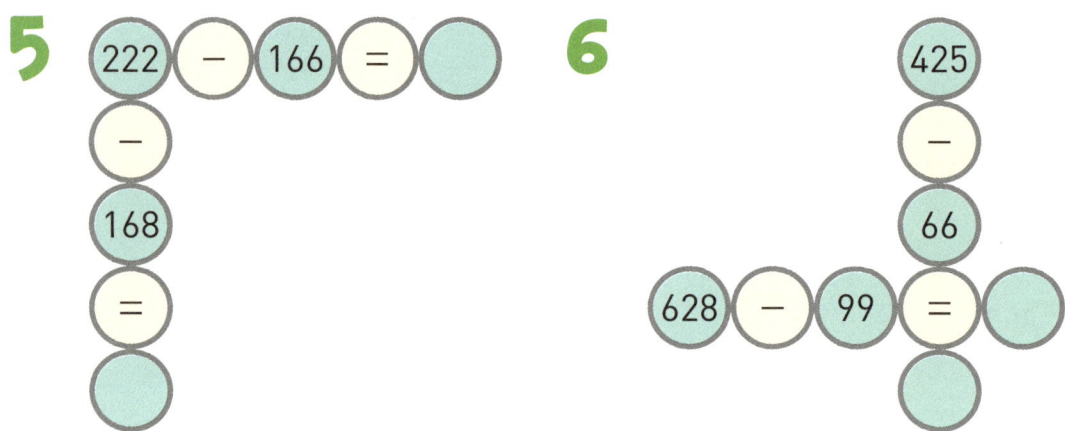

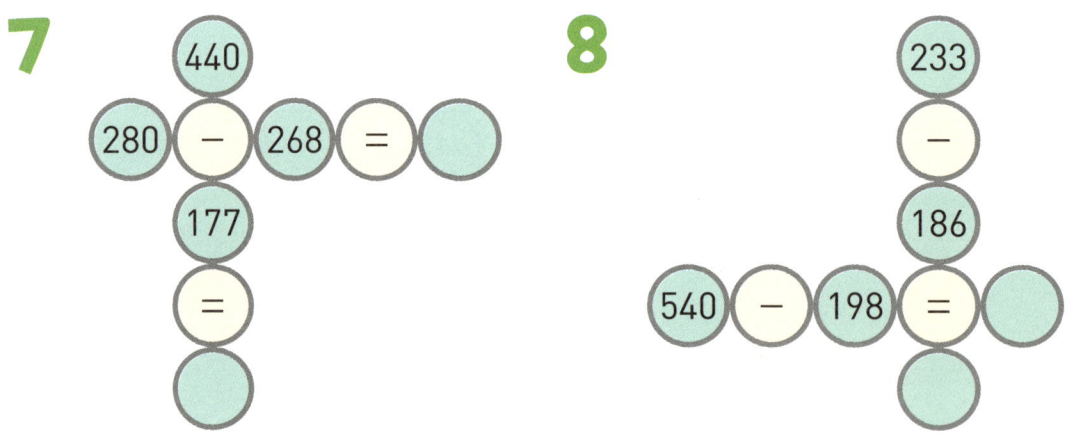

○ 뺄셈을 한 후, 그 결과를 아래 표에서 찾아 묶어 주세요.
표에서는 수를 가로 또는 세로 방향으로만 읽습니다.

9   3 2 0
     − 2 8 1
     ─────

10 7 3 7
     − 5 8 6
     ─────

11 5 2 0
     − 3 2 7
     ─────

12 6 4 5
     − 2 7 7
     ─────

13 5 5 1
     − 2 8 4
     ─────

14 3 4 5
     − 1 8 9
     ─────

2	7	8	2	9
1	5	1	6	4
5	4	9	7	3
6	5	3	9	5
1	3	6	8	4

0에서 받아내려요

백의 자리에서 1을 받아내리면 십의 자리는 10이 됩니다. 다시 일의 자리로 1을 받아내리면 십의 자리는 9, 일의 자리는 10이 됩니다.

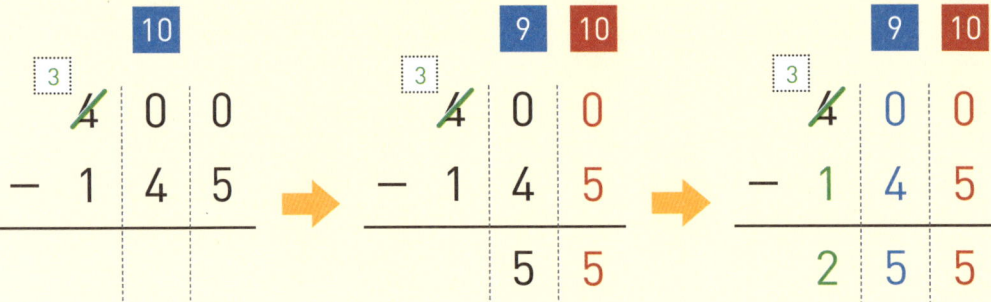

백의 자리는 1을 받아내리면 3이 된다.

십의 자리에서 1을 받아내리면 십의 자리는 9가 된다. 일의 자리는 10−5이다.

십의 자리 9−4를 계산한다. 백의 자리를 계산한다.

보기

```
    9  10
  4̸  0  2
-  2  6  7
─────────
   2  3  5
```

뺄셈은 일의 자리부터 합니다. 그 다음에 십의 자리, 백의 자리 순서로 합니다.

1
```
   ☐ 🟦 🟥
   4̸ 0 0          4̸ 0 0
 − 1 6 8        − 1 2 7
 ─────────      ─────────
```

2
```
   8 0 0          3 0 0
 − 2 7 9        − 1 5 7
 ─────────      ─────────
```

3
```
   5 0 2          4 0 5
 − 1 8 7        − 2 4 7
 ─────────      ─────────
```

4
```
   5 0 0          8 0 6
 − 1 5 7        − 2 8 8
 ─────────      ─────────
```

● 다음 뺄셈을 하세요.

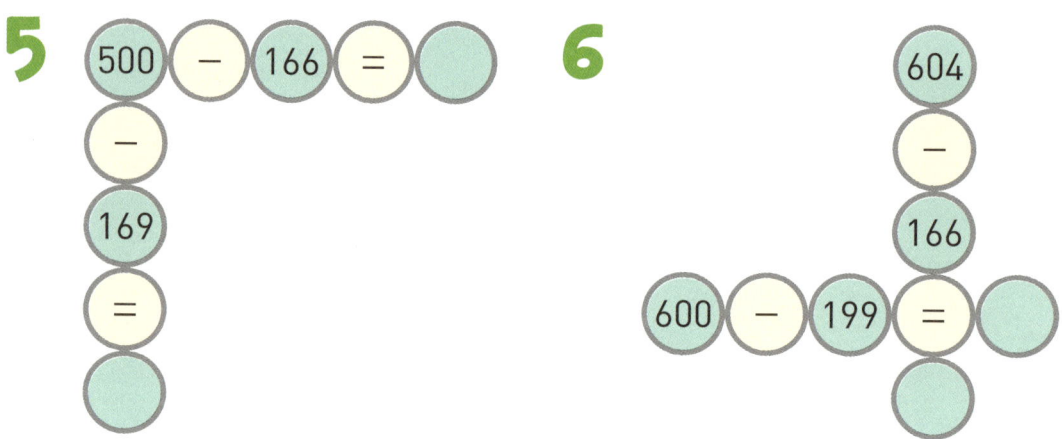

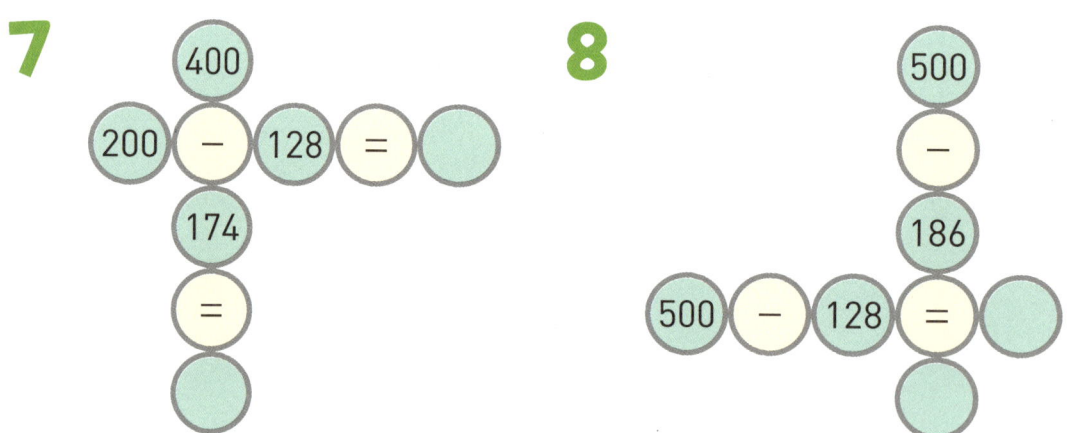

● 뺄셈을 한 후, 그 결과를 아래 표에서 찾아 묶어 주세요.
표에서는 수를 가로 또는 세로 방향으로만 읽습니다.

9 300 − 181

10 700 − 286

11 500 − 324

12 602 − 258

13 501 − 264

14 308 − 129

2	3	7	8	0
5	4	0	1	5
1	4	1	7	6
8	1	1	9	7
0	4	9	5	8

 **세 수의 계산**

세 수를 계산할 때는 계산이 편리하게 순서를 바꾸어도 됩니다.

250+32-50 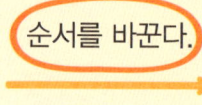 250-50+32

그대로 계산한다.

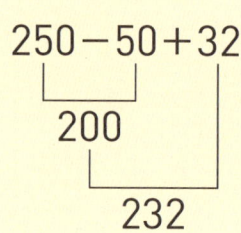

1 540+27-40 ➡

_____을 먼저 계산한다.

2 346+87-45 ➡

_____를 먼저 계산한다.

3 350-78+50 ➡

_____을 먼저 계산한다.

보기

236−78+54 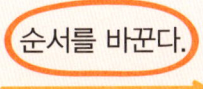 236+54−78
그대로 계산한다.   290
              212

4 278+25−68 ➡

　_____ 을 먼저 계산한다.

5 424−88+76 ➡

　_____ 을 먼저 계산한다.

6 30+378−29 ➡

　_____ 를 먼저 계산한다.

보기

9를 빼는 대신 [10]을 빼고 [1]을 더한다.

15+3−9 ⟶ 15+3−10+1
=18−10+1
=8+1
=9

7 200+3−9

9를 빼는 대신 [ ]을 빼고 [ ]을 더한다.

8 320+6−8

8을 빼는 대신 [ ]을 빼고 [ ]를 더한다.

9 512−8+3

8을 빼는 대신 [ ]을 빼고 [ ]를 더한다.

보기

99를 빼는 대신

264−99+50 → [100]을 빼고 [1]을 더한다.

264−100+1+50
=164+1+50
=165+50
=215

10 164+88−9

9를 빼는 대신 [ ]을 빼고 [ ]을 더한다.

11 256−16+89

89를 더하는 대신 [ ]을 더하고 [ ]을 뺀다.

12 345−98+15

98을 빼는 대신 [ ]을 빼고 [ ]를 더한다.

1 다음 계산을 하세요.

❶
```
   4 8
+  8 2
-------
```

❷
```
   2 9
+  7 2
-------
```

❸
```
   2 8
+  7 7
-------
```

❹
```
  1 4 8
+ 3 6 2
-------
```

❺
```
  1 2 9
+ 4 9 2
-------
```

❻
```
  4 8 0
+ 3 3 5
-------
```

❼
```
  3 5 0
- 2 8 8
-------
```

❽
```
  4 7 6
- 1 3 7
-------
```

❾
```
  3 2 6
- 2 2 8
-------
```

2 다음 계산을 하세요.

❶   45
  + 99

❷   58
  + 69

❸   27
  + 98

❹ 128
  +393

❺ 189
  +491

❻ 438
  +384

❼ 200
  −177

❽ 520
  −249

❾ 362
  −187

3 다음 빈칸에 알맞은 수를 쓰세요.

4 덧셈 계단을 완성하세요.

①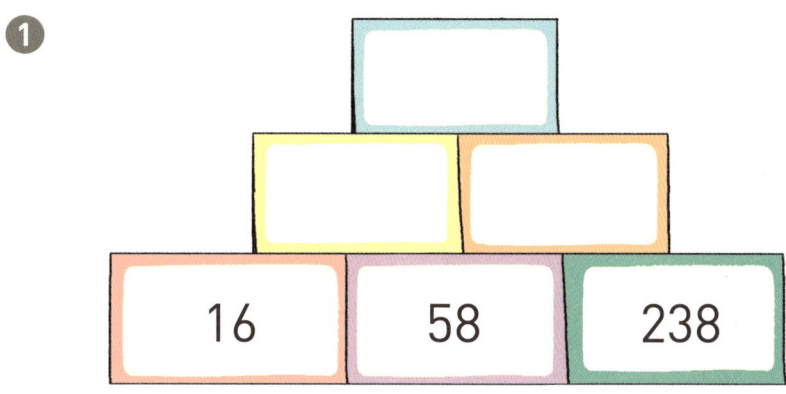

②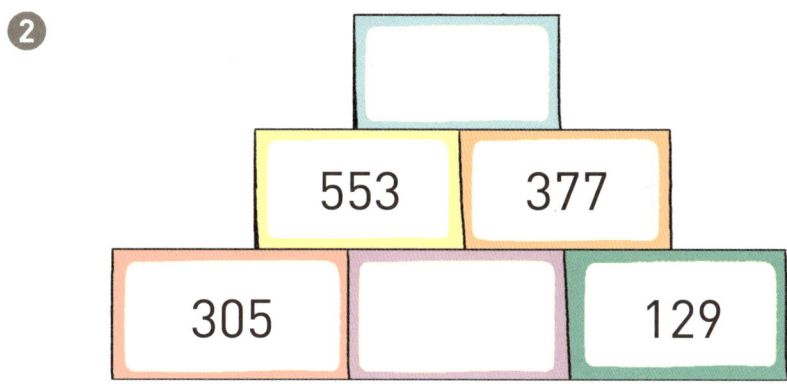

③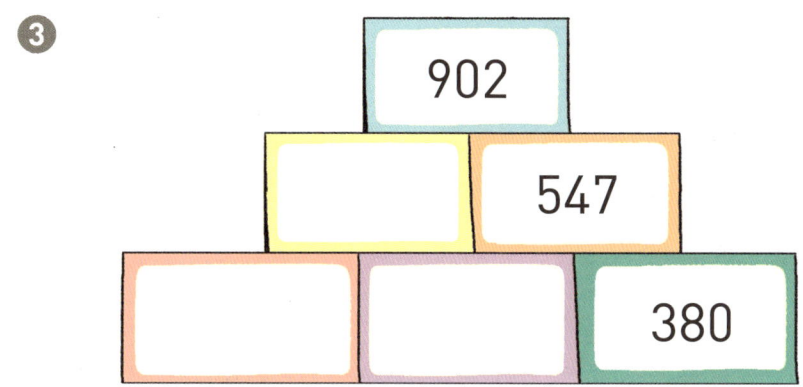

5 수민이는 동물들의 몸무게를 조사했어요. 수민이가 가장 좋아하는 동물은 침팬지예요. 침팬지와 다른 동물들의 몸무게가 얼마나 차이가 나는지 빈칸에 써 주세요.

침팬지
41kg

❶
여우 원숭이
3kg

❷
개코 원숭이
33kg

❸
보노보 원숭이
35kg

❹
긴팔 원숭이
7kg

6 코끼리를 어떻게 냉장고에 넣을 수 있을까요?
아래 계산을 해서 그 방법을 알아 보세요.

□	□	□	□	□	□	□
410	257	400	297	510	313	710

```
  3 5 1
+   5 9
-------
```
냉

```
  3 8 8        2 0 2        5 5 5
+ 1 2 2      + 1 9 8      + 1 5 5
-------      -------      -------
```
을　　　　　고　　　　　다

```
  4 5 6        5 0 0        4 2 5
- 1 5 9      - 1 8 7      - 1 6 8
-------      -------      -------
```
문　　　　　연　　　　　장

125

육각형 안에 셈을 만들어요

육각형 안에 수 또는 연산 기호가 있어요. 덧셈이나 뺄셈의 식이 성립하게 육각형에 선을 그어주세요. 각각의 육각형에는 딱 한 번만 선이 지나가야 합니다.

보기

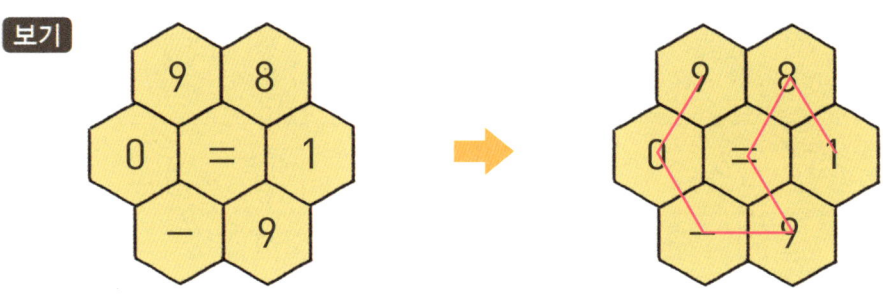

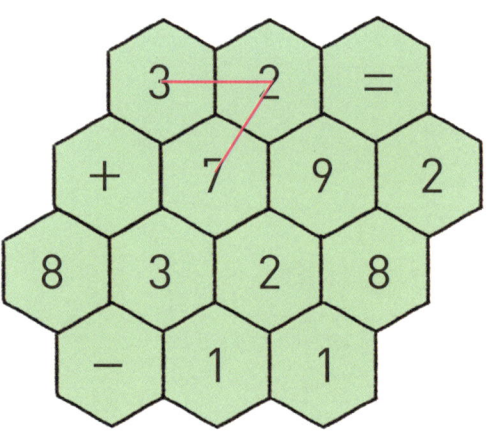

마법의 사각형을 만들어요

가로, 세로의 합이 1000이 되도록 아래 표 안의 수의 앞, 뒤에 적당한 수를 써 보세요.

보기

183	80	73
69	60	50
127	660	213

➡

183	80	737
690	260	50
127	660	213

❶

19	10	79
80	760	160
725	230	4

➡

19☐		
80		
725		

❷

27	336	390
440	70	90
286	59	120

➡

	59☐	

127

숫자 놀이 3 미로를 탈출해요

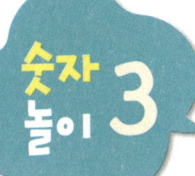

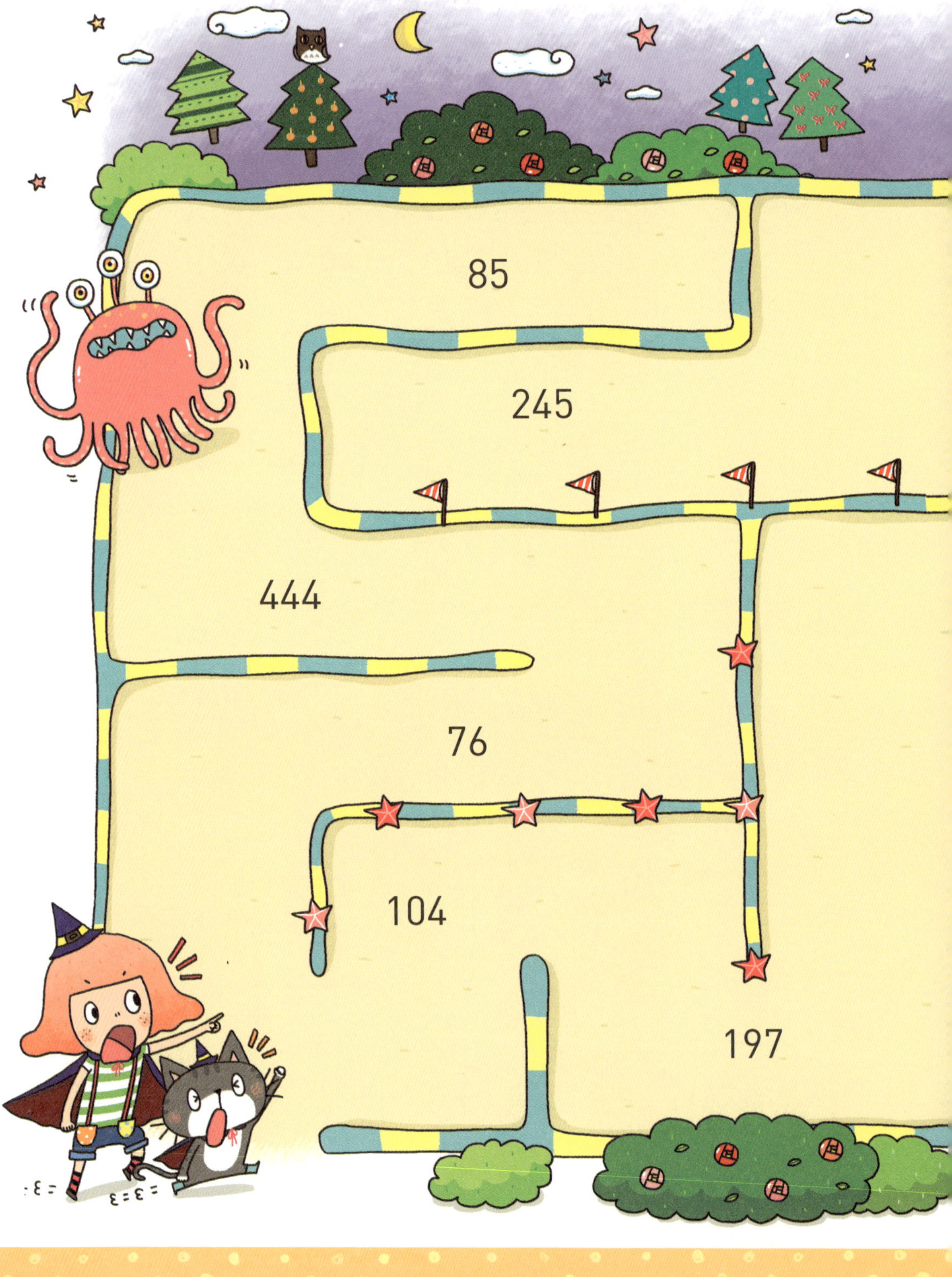

85
245
444
76
104
197

마법소녀가 미로 안에 갇혀 있어요. 미로에서 빠져나가려면 지나온 길에 있던 수를 모두 더해서 출구에 버티고 있는 도깨비에게 말해야 해요. 뒤따라 오고 있는 괴물을 피해서 얼른 미로를 탈출해요. 미로를 빠져나가는 길에 있는 수를 모두 더하면 몇인가요?

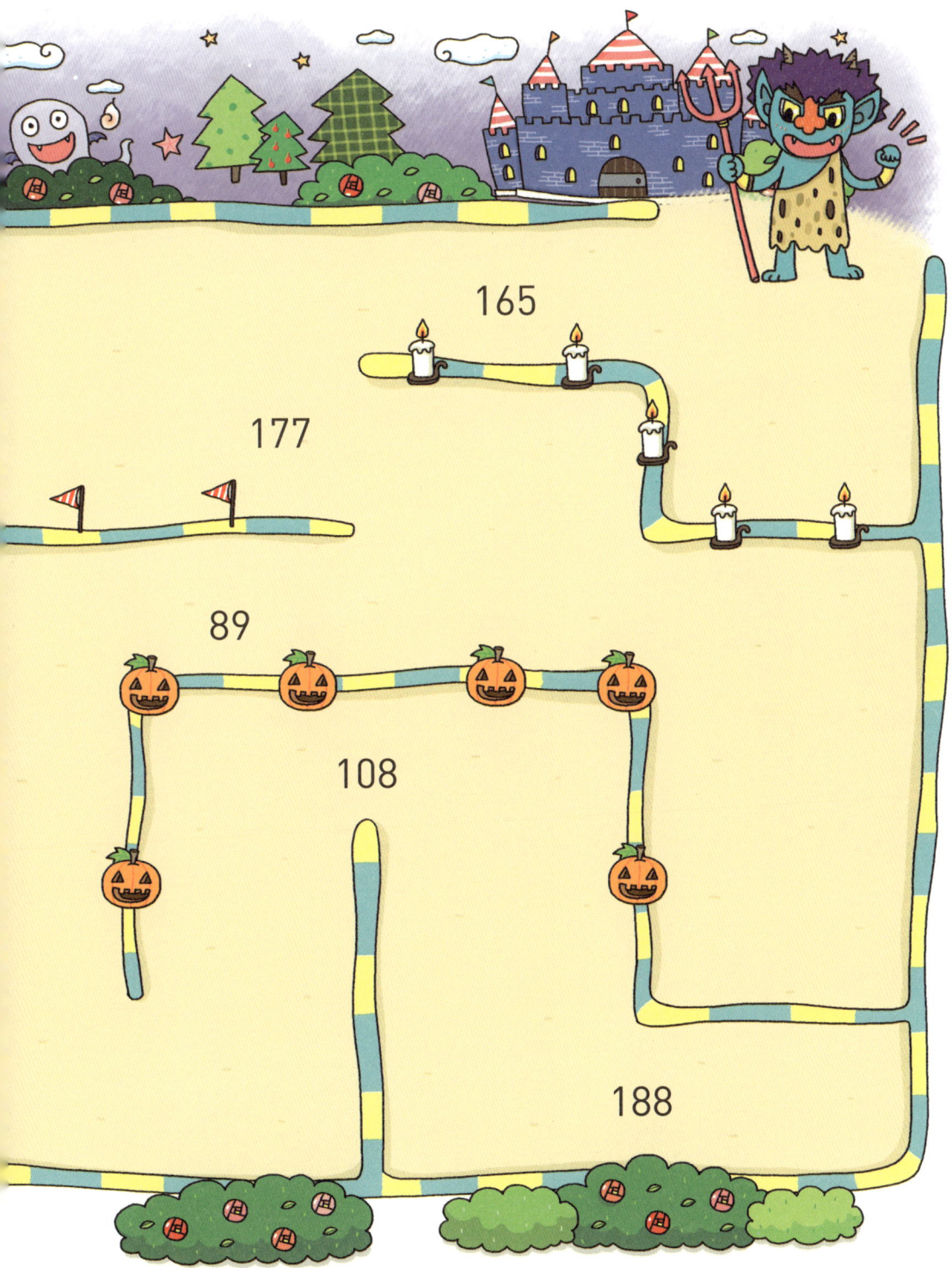

정답

1. 큰 수를 알아요
(1) 묶어 세기

1 99보다 큰 수 | 10~13쪽

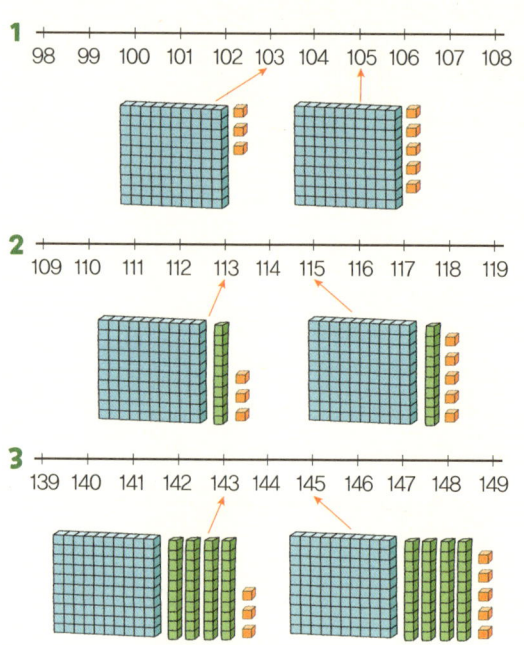

2 100개씩 묶어요 | 14~17쪽

1 300, 20, 1, 321
2 300, 20, 3, 323
3 400, 20, 5, 425
4 400, 40, 3, 443
5 400, 50, 1, 451
6 600, 20, 3, 623
7 600, 30, 5, 635
8 700, 40, 2, 742

(2) 백의 자리, 십의 자리, 일의 자리

1 자리값 | 18~21쪽

1 2개, 2개, 3개, 223
2 4개, 3개, 2개, 432
3 223; 200, 십, 20, 일, 3, 200, 20, 3
4 432; 400, 십, 30, 일, 2, 400, 30, 2
5 324, 531
6 267, 915
7 425, 543
8 892, 386
9 300, 50, 4, 354
10 400, 60, 8, 468
11 200, 70, 3, 273
12 500, 0, 4, 504

2 얼마인가요 | 22~25쪽

1 400, 20, 420; 200, 30, 230
2 300, 50, 350; 100, 40, 140
3 300, 50, 3, 353
4 300, 20, 5, 325; 400, 70, 2, 472
5 200, 80, 1, 281; 300, 40, 1, 341
6 ㄷ
7 ㄴ
8 ㄱ
9 ㄹ
10 왼쪽 연필에 ○표
11 왼쪽 우유에 ○표
12 오른쪽 물에 ○표
13 왼쪽 과자에 ○표

130

3 어느 수가 큰가요 | 26~29쪽

1 (1) < (2) < (3) > (4) >

2 (1) 100부터 325까지의 수는 모두 답입니다.
   (2) 128부터 999까지의 수는 모두 답입니다.
   (3) 416, 417, 418, 419는 모두 답입니다.
   (4) 323부터 769까지의 수는 모두 답입니다.

3 124 125 126 127 |128| 129 |130| 131 132 133 134

4 256 257 258 |259| |260| 261 262 263 |264| |265| 266

5 777 778 779 |780| |781| |782| |783| 784 785 |786| 787

6 395 396 397 |398| |399| |400| |401| 402 403 404 |405|

7 113 - 114 - 115 - 116 - 117 - 118 - 119

8 218 - 219 - 220 - 221 - 222 - 223 - 224

9 327 - 328 - 329 - 330 - 331 - 332 - 333

10 410 - 420 - 430 - 440 - 450 - 460 - 470

11 632 - 634 - 636 - 638 - 640 - 642 - 644

12 780 - 790 - 800 - 810 - 820 - 830 - 840

13 539 - 549 - 559 - 569 - 579 - 589 - 599

14 468 - 478 - 488 - 498 - 508 - 518 - 528

연습문제 | 30~35쪽

1. ❶ 114, 115, 123, 124, 125, 126, 129, 130, 135, 136, 137, 138, 140 ❷ 286, 287, 289, 290, 295, 298, 299, 300, 304, 306, 307, 309, 310 ❸ 593, 595, 597, 598, 600, 601, 604, 606, 607, 609, 610, 613, 615, 616, 619, 620

2.

3. ❶ 331 ❷ 242 ❸ 424 ❹ 372

4. ❶ < ❷ > ❸ > ❹ > ❺ < ❻ >

5.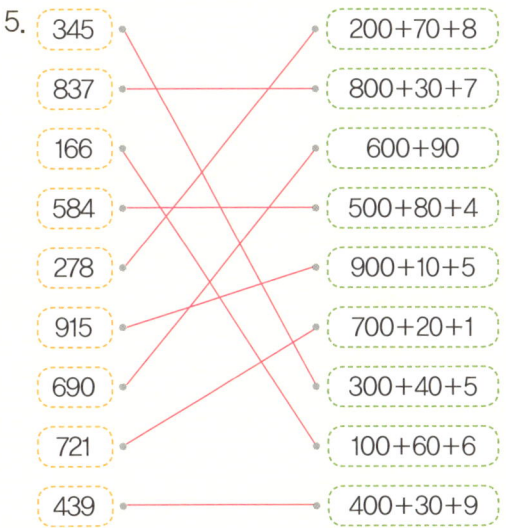

6. 허리도 가늘군 만지면 부서지리

숫자놀이 | 36~39쪽

1. 개구리가 되게 해주세요

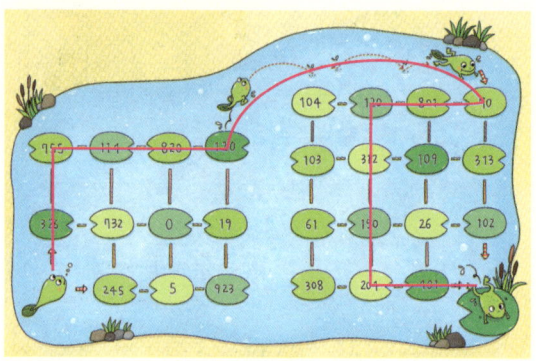

2. 빙글빙글 수가 돌아요

❶

❷

❸

3. 수가 지나가는 길을 찾아요

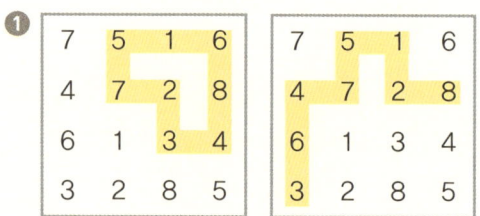

2. 덧셈, 뺄셈 걷기
(1) 세 자리 수의 계산

1 묶인대로 더해요 | 42~45쪽

1. 300, 30, 4, 334
2. 500, 40, 0, 540
3. 700, 30, 5, 735
4. 500, 70, 4, 574
5. 600, 50, 3, 653
6. 600, 30, 7, 637
7. 500, 70, 6, 576
8. 400, 50, 3, 453
9. 700, 60, 7, 767
10. 500, 90, 5, 595

2 세로셈으로 더해요 | 46~49쪽

1. 540, 730, 750
2. 554, 380, 730
3. 390, 482, 334
4. 576, 586, 544
5. 447, 537, 618
6. 417, 848, 725
7. 394, 358, 463
8. 578, 589, 678
9. 478, 559, 639
10. 459, 886, 967
11. 795, 557, 493
12. 874, 988, 774
13. 973, 978, 737
14. 467, 686, 569

3 묶인대로 빼요 | 50~53쪽

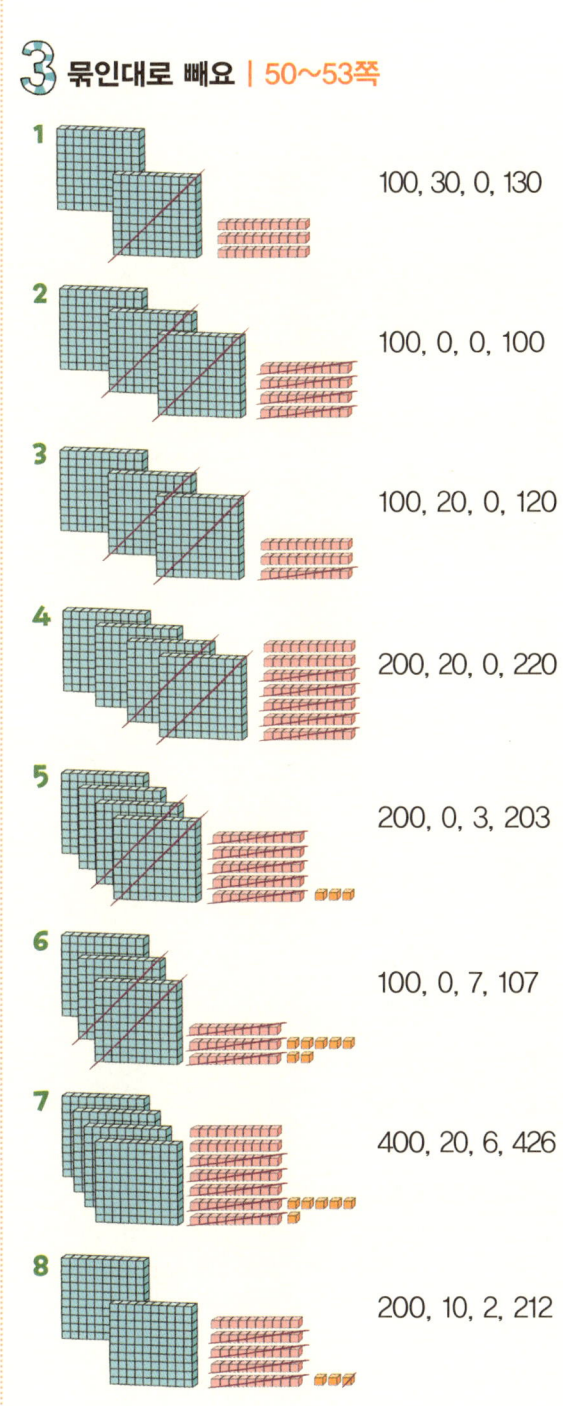

1. 100, 30, 0, 130
2. 100, 0, 0, 100
3. 100, 20, 0, 120
4. 200, 20, 0, 220
5. 200, 0, 3, 203
6. 100, 0, 7, 107
7. 400, 20, 6, 426
8. 200, 10, 2, 212

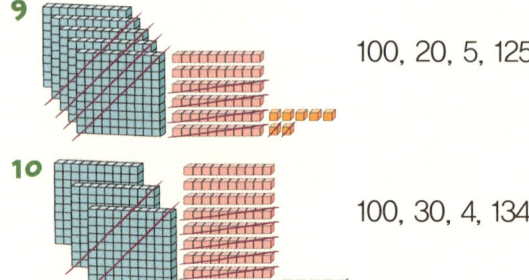

9　100, 20, 5, 125

10　100, 30, 4, 134

4 세로셈으로 빼요 | 54~57쪽

1　130, 150, 220
2　346, 126, 214
3　310, 414, 323
4　120, 161, 120
5　5, 305, 210
6　150, 142, 321
7　310, 334, 401
8　124, 137, 231
9　16, 307, 13
10　231, 204, 123
11　711, 531, 411
12　412, 542, 132
13　511, 723, 111
14　321, 404, 345

(2) 한 번 받아올리고 내리는 계산

1 일의 자리에서 받아올려요 | 58~61쪽

1　1, 62, 1, 70
2　1, 83, 1, 87
3　1, 81, 1, 91
4　1, 681, 1, 452

5
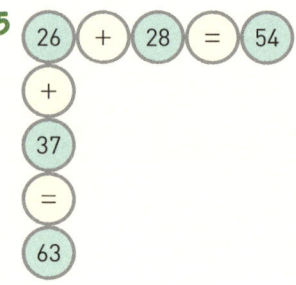

6
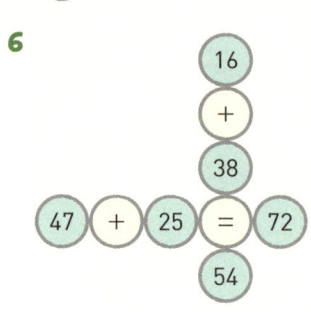

7
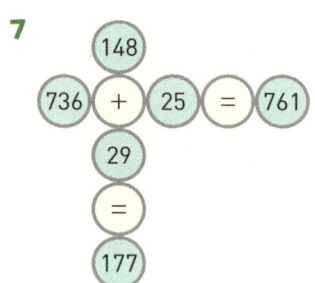

8
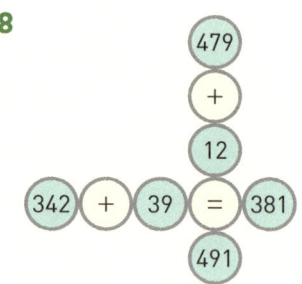

9　1, 185
10　1, 862
11　1, 573
12　1, 685
13　1, 363
14　1, 496

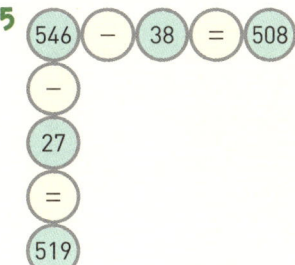

2 십의 자리에서 받아올려요 | 62~65쪽

1. 1, 410, 1, 440
2. 1, 703, 1, 334
3. 1, 422, 1, 233
4. 　３８２　　４３５
   ＋　６２　＋　８１
   　４４４，　５１６
5. 1, 515
6. 1, 416
7. 1, 937
8. 1, 338
9. 1, 735
10. 1, 519

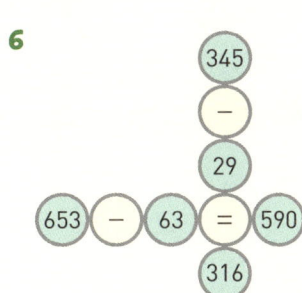

3 십의 자리에서 받아내려요 | 66~69쪽

1. 4, 10, 15; 7, 10, 58
2. 4, 10, 8; 2, 10, 13
3. 3, 10, 15; 6, 10, 29
4. 6, 10, 24; 6, 10, 6
5. 546 − 38 = 508, − 27 =, 519

6. 345 − 29, 653 − 63 = 590, 316

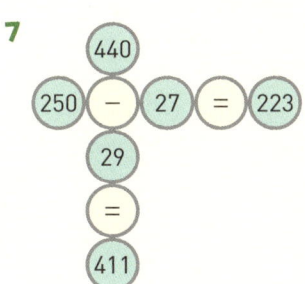

7. 440, 250 − 27 = 223, 29, =, 411

8. 243 −, 17, 544 − 29 = 515, 226

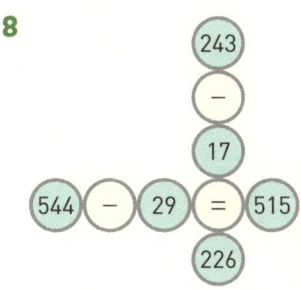

9. 5, 10, 137
10. 6, 10, 417
11. 4, 10, 213

정답

12 3, 10, 229
13 4, 10, 129
14 3, 10, 627

8	6	5	5	2
7	2	1	3	0
1	7	3	4	1
4	1	7	9	2
5	0	2	2	9

4 백의 자리에서 받아내려요 | 70~73쪽

1 0, 10, 94; 3, 10, 390
2 1, 10, 180; 2, 10, 230
3 1, 10, 191; 1, 10, 172
4 3, 10, 391; 4, 10, 491
5
```
  2 5 2       4 4 0       2 5 0
-   6 1     -   7 0     -   9 0
  1 9 1 ,    3 7 0 ,    1 6 0
```
6 2, 10, 290
7 1, 10, 180
8 4, 10, 491
9 1, 10, 160
10 0, 10, 74
11 2, 10, 273

3	6	4	2	9
7	2	7	3	8
4	9	1	5	2
2	0	8	2	9
1	6	0	4	0

5 세 수의 계산 | 74~75쪽

1 125−5를 먼저 계산한다.
125−5+18=138
      └120┘
          └138┘

2 246−6을 먼저 계산한다.
246+17−6=246−6+17=257
              └240┘
                  └257┘

3 29−7을 먼저 계산한다.
223+29−7=245
       └22┘
     └245┘

4 524−21을 먼저 계산한다.
524+7−21=524−21+7=510
             └503┘
                 └510┘

5 21+115를 먼저 계산한다.
21−6+115=21+115−6=130
            └136┘
                └130┘

연습문제 | 76~81쪽

1. ❶ 79 ❷ 78 ❸ 59 ❹ 469 ❺ 529 ❻ 792
   ❼ 337 ❽ 221 ❾ 133
2. ❶ 82 ❷ 87 ❸ 109 ❹ 454 ❺ 609
   ❻ 809 ❼ 153 ❽ 51 ❾ 309

3.

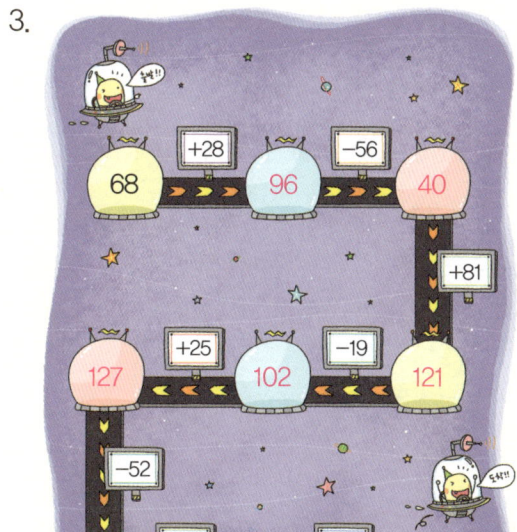

4. ①

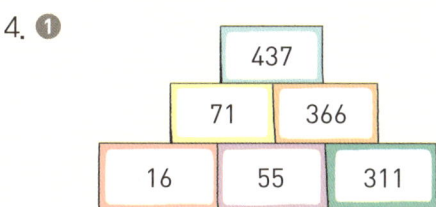

②

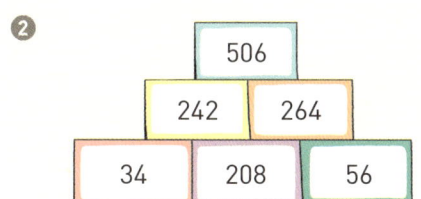

③

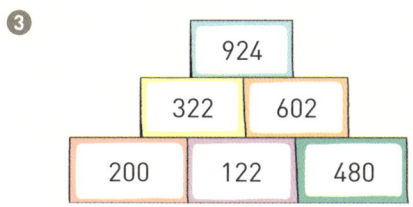

5. ① 1300 ② 1240 ③ 940 ④ 850

6. 네가 놓아주는 곳

숫자놀이 | 82~85쪽

1. 육각형 안에 셈을 만들어요

① 8+4−9=3

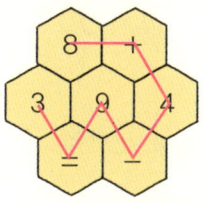

② 516+6−59+5=468

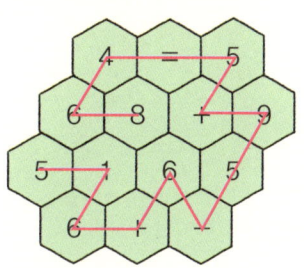

2. 마법의 사각형을 만들어요

①

14	39	47
36	54	10
50	7	43

②

41	13	46
24	67	9
35	20	45

137

3. 미로를 탈출해요

120+108+74+345=647

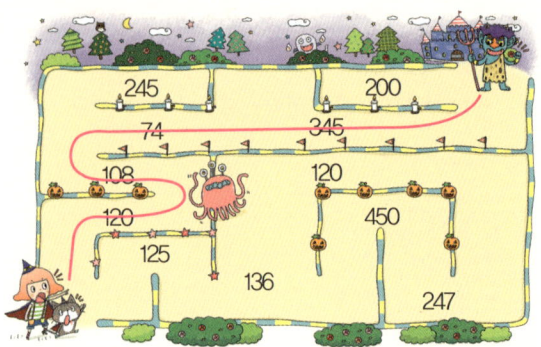

3. 덧셈, 뺄셈 뛰기
(1) 받아올리는 덧셈

1 두 자리 수를 더해요(1) | 88~91쪽

1 70, 7, 130, 11, 141
2 40, 5, 70, 6, 110, 11, 121
3 30, 7, 80, 5, 110, 12, 122
4 1, 1, 141; 1, 1, 142
5 1, 1, 121; 1, 1, 131
6 1, 1, 122; 1, 1, 133
7 110, 120
8 123, 133
9 152, 121
10 121, 160
11 110, 125
12 옳음
13 틀림
14 옳음
15 옳음
16 옳음
17 옳음

2 두 자리 수를 더해요(2) | 92~95쪽

1 40, 8, 90, 12, 102
2 20, 5, 70, 6, 90, 11, 101
3 10, 9, 80, 3, 90, 12, 102
4 1, 1, 102; 1, 1, 103
5 1, 1, 101; 1, 1, 111
6 1, 1, 102; 1, 1, 113
7 100, 100

8 103, 101
9 100, 105
10 101, 100
11 100, 104
12 옳음
13 옳음
14 옳음
15 틀림
16 틀림
17 옳음

3 세 자리 수를 더해요(1) | 96~99쪽

1 20, 8, 500, 90, 11, 601
2 100, 50, 8, 50, 7, 100, 100, 15, 215
3 200, 40, 5, 70, 6, 200, 110, 11, 321
4 1, 1, 601; 1, 1, 602
5 1, 1, 215; 1, 1, 225
6 1, 1, 321; 1, 1, 332
7 430, 331
8 604, 420
9 233, 710
10 325, 510
11 769, 245
12 옳음
13 옳음
14 틀림
15 옳음
16 틀림
17 틀림

4 세 자리 수를 더해요(2) | 100~103쪽

1 400, 20, 8, 700, 90, 13, 803
2 100, 60, 9, 300, 60, 8, 400, 120, 17, 537
3 500, 40, 2, 200, 70, 9, 700, 110, 11, 821
4 1, 1, 803; 1, 1, 804
5 1, 1, 537; 1, 1, 547
6 1, 1, 821; 1, 1, 832
7 621, 621
8 851, 622
9 453, 878
10 425, 740
11 822, 355
12 옳음
13 옳음
14 틀림
15 틀림
16 옳음
17 옳음

(2) 받아내리는 뺄셈

 두 자리 수를 빼요 | 104~107쪽

1 73, 399
2 777, 297
3 188, 572
4 337, 468

5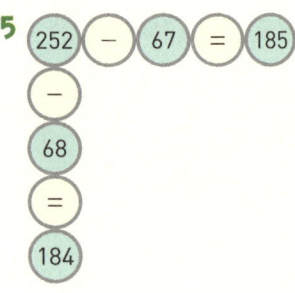

6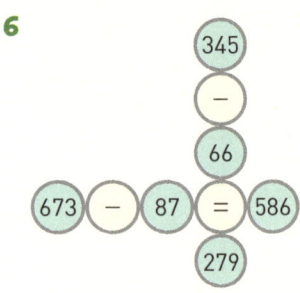

7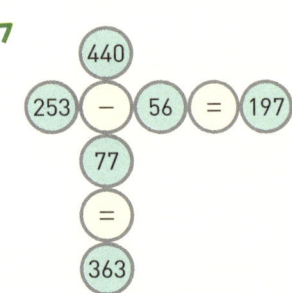

8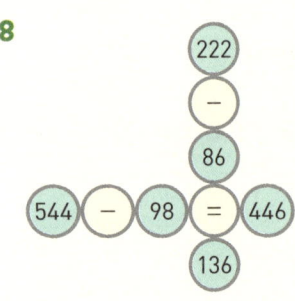

9 241
10 199
11 495
12 158

13 67
14 266

2	3	4	2	3
6	7	1	5	8
6	2	4	1	7
8	2	9	9	2
7	8	5	9	1

2 세 자리 수를 빼요 | 108~111쪽

1 275, 288
2 299, 89
3 88, 194
4 301, 77

5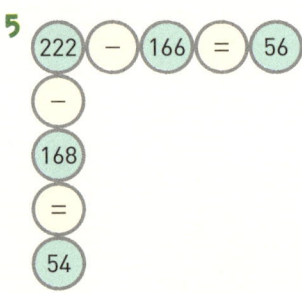

6

7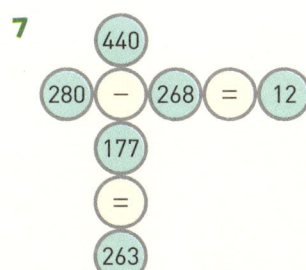

8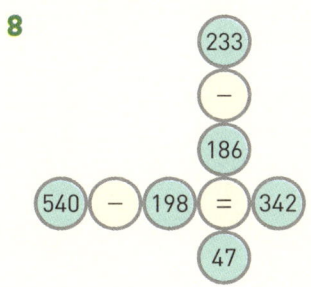

9 39
10 151
11 193
12 368
13 267
14 156

2	7	8	2	9
1	5	1	6	4
5	4	9	7	3
6	5	3	9	5
1	3	6	8	4

3 0에서 받아내려요 | 112~115쪽

1 3, 9, 10, 232; 3, 9, 10, 273
2 521, 143
3 315, 158

4 343, 518

5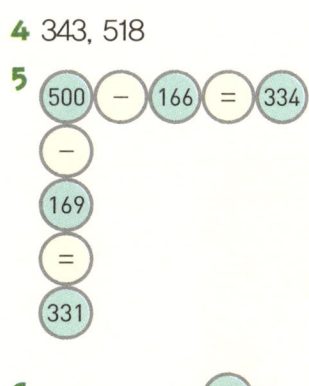

6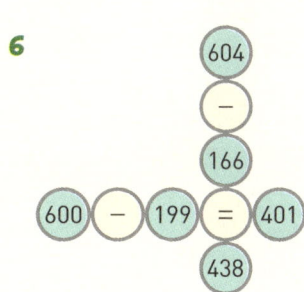

7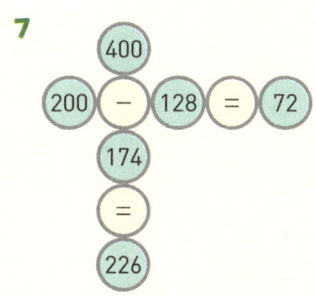

8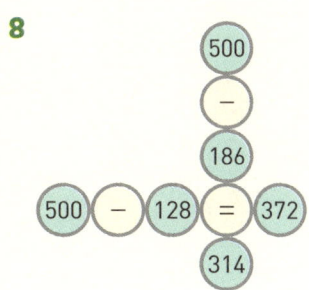

9 119
10 414
11 176

12 344

13 237

14 179

2	3	7	8	0
5	4	0	1	5
1	4	1	7	6
8	1	1	9	7
0	4	9	5	8

4 세 수의 계산 | 116~119쪽

1 540−40을 먼저 계산한다.
540−40+27
   └500┘
   └──527──┘

2 346−45를 먼저 계산한다.
346−45+87
   └301┘
   └──388──┘

3 350+50을 먼저 계산한다.
350+50−78
   └400┘
   └──322──┘

4 278−68을 먼저 계산한다.
278−68+25
   └210┘
   └──235──┘

5 424+76을 먼저 계산한다.
424+76−88
   └500┘
   └──412──┘

6 30−29를 먼저 계산한다.
30−29+378
   └1┘
   └──379──┘

7 10, 1, 200+3−10+1
   =203−10+1
   =193+1
   =194

8 10, 2, 320+6−10+2
   =326−10+2
   =316+2
   =318

9 10, 2, 512−10+2+3
   =502+2+3
   =504+3
   =507

10 10, 1, 164+88−10+1
   =252−10+1
   =242+1
   =243

11 90, 1, 256−16+90−1
   =240+90−1
   =330−1
   =329

12 100, 2, 345−100+2+15
   =245+2+15
   =247+15
   =262

연습문제 | 120~125쪽

1. ❶ 130 ❷ 101 ❸ 105 ❹ 510 ❺ 621
   ❻ 815 ❼ 62 ❽ 339 ❾ 98
2. ❶ 144 ❷ 127 ❸ 125 ❹ 521 ❺ 680
   ❻ 822 ❼ 23 ❽ 271 ❾ 175
3.

4. ❶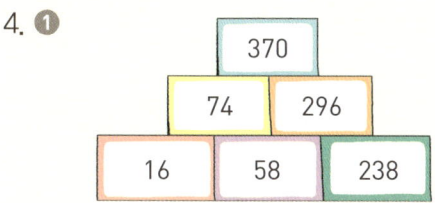

   ❷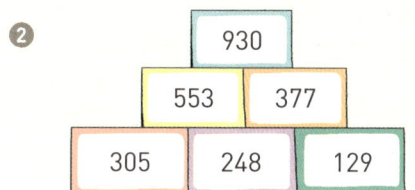

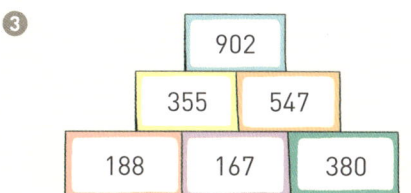

5. ❶ 38kg ❷ 8kg ❸ 6kg ❹ 34kg

6. 냉장고 문을 연다

숫자놀이 | 126~129쪽

1. 육각형 안에 셈을 만들어요
   327+83-129=281

2. 마법의 사각형을 만들어요

   ❶
19**5**	10	79**5**
80	760	160
725	230	4**5**

   ❷
27**4**	336	390
440	70	**490**
286	59**4**	120

3. 미로를 탈출해요

104+197+89+177+165=732

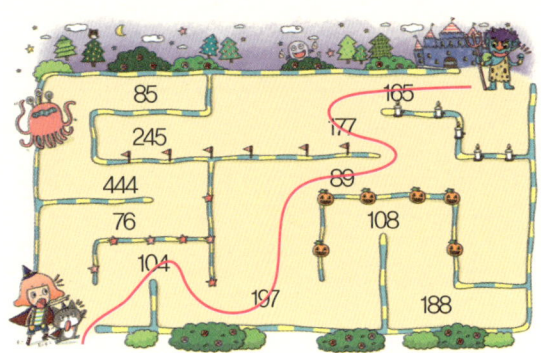

도전! 덧셈·뺄셈 급수 문제

덧셈·뺄셈 5B급   맞은 개수 /8

①   1 2
  + 3 5

②   4 5
  + 2 2

③   2 2 1
  +   3 6

④   2 1 8
  + 4 2 1

⑤   5 7
  − 2 0

⑥   4 2
  − 1 1

⑦   1 6 3
  −   1 2

⑧   7 5 3
  − 1 2 0

덧셈 · 뺄셈　5A급

[보기]　44 =　(22+22)　15+28　(63−19)　58−12

① 20 =　12+15　11+10　32−11　28−8

② 85 =　95−10　26+61　80+5　96−11

③ 24 =　15+11　21+3　35−11　64−40

④ 15 =　11+4　13+14　25−12　36−21

⑤ 48 =　34+14　25+13　54−8　68−21

⑥ 55 =　22+33　27+18　69−24　64−19

⑦ 60 =　53+6　32+38　80−20　72−8

⑧ 29 =　12+7　15+14　45−16　49−10

덧셈 · 뺄셈 4B급

맞은 개수 /8

① 　3 1 2
　+3 0 2

② 　4 2 2
　+1 3 4

③ 　2 2 8
　+1 0 4

④ 　1 4 5
　+2 4 5

⑤ 　2 5 8
　−2 0 7

⑥ 　4 8 2
　−1 5 1

⑦ 　6 5 6
　−5 1 8

⑧ 　7 5 3
　−1 2 6

덧셈 · 뺄셈 4A급

맞은 개수 　　/ 8

보기　634 =　222+338　(123+511)　354−120

① 　222 =　111+111　100+122　353−144

② 　200 =　120+180　256−156　650−450

③ 　120 =　101+119　523−403　621−400

④ 　158 =　111+47　255−107　358−100

⑤ 　314 =　100+210　208+106　524−316

⑥ 　354 =　124+210　245+109　655−309

⑦ 　435 =　212+223　228+204　542−107

⑧ 　500 =　300+200　620−120　753−154

덧셈·뺄셈 3B급

맞은 개수 /8

1.   3 5
 + 7 8

2.   2 8
 + 9 4

3.   2 7
 + 7 4

4.   5 2
 + 8 9

5.   5 2
 −   6

6.   4 8
 −   9

7.   6 5
 − 1 8

8.   5 4
 − 2 7

덧셈·뺄셈 3A급

보기 100 = (88+12) (26+74) 56+45 28+82

① 100 = 13+97 28+70 46+14 39+61

② 104 = 19+85 13+91 56+48 42+68

③ 170 = 18+99 19+91 87+83 93+77

④ 124 = 54+70 45+99 86+38 45+79

⑤ 36 = 45−9 54−18 75−29 43−7

⑥ 52 = 81−39 61−8 71−19 90−28

⑦ 53 = 62−9 71−8 80−27 91−34

⑧ 78 = 85−8 94−16 91−19 81−3

덧셈·뺄셈 2B급

① 312 + 98

② 458 + 87

③ 355 + 79

④ 365 + 65

⑤ 210 − 58

⑥ 431 − 54

⑦ 600 − 27

⑧ 423 − 29

덧셈·뺄셈 2A급

맞은 개수 /8

보기	234 =	108+96	(135+99)	300−176
①	600 =	530+70	589+11	654−58
②	200 =	125+75	172+18	264−64
③	250 =	139+81	167+83	281−41
④	615 =	578+45	509+96	674−59
⑤	314 =	275+39	258+66	428−114
⑥	267 =	182+85	249+18	341−74
⑦	355 =	259+96	287+67	436−81
⑧	512 =	484+28	476+26	608−96

덧셈 · 뺄셈 1B급

①   378
   + 345

②   445
   + 186

③   253
   + 548

④   177
   + 288

⑤   258
   − 159

⑥   482
   − 196

⑦   613
   − 438

⑧   723
   − 184

덧셈·뺄셈　1A급

[보기]　250 =　(123+127)　(137+113)　342−82

① 220 =　137+83　164+66　318−98

② 282 =　125+157　168+104　413−131

③ 345 =　229+115　287+58　628−283

④ 366 =　284+82　279+87　511−145

⑤ 387 =　268+109　186+201　624−237

⑥ 428 =　289+149　168+260　715−287

⑦ 434 =　318+116　259+165　627−193

⑧ 512 =　364+149　268+244　800−298

5B

1 47　　2 67　　3 257　　4 639
5 37　　6 31　　7 151　　8 633

5A

1　20 = 12+15　11+10　32−11　(28−8)
2　85 = (95−10)　26+61　(80+5)　(96−11)
3　24 = 15+11　(21+3)　35−11　(64−40)
4　15 = (11+4)　13+14　25−12　(36−21)
5　48 = (34+14)　25+13　54−8　68−21
6　55 = (22+33)　27+18　69−24　64−19
7　60 = 53+6　32+38　(80−20)　72−8
8　29 = 12+7　(15+14)　(45−16)　49−10

4B

1 614　　2 556　　3 332　　4 390
5 51　　6 331　　7 138　　8 627

4A

1　222 = (111+111)　(100+122)　353−144
2　200 = 120+180　256−156　(650−450)

3	120 =	101+119	(523−403)	621−400
4	158 =	(111+47)	255−107	358−100
5	314 =	100+210	(208+106)	524−316
6	354 =	124+210	(245+109)	655−309
7	435 =	(212+223)	228+204	(542−107)
8	500 =	(300+200)	(620−120)	753−154

3B

1 113 **2** 122 **3** 101 **4** 141
5 46   **6** 39   **7** 47   **8** 27

3A

1	100 =	13+97	28+70	46+14	(39+61)
2	104 =	(19+85)	(13+91)	(56+48)	42+68
3	170 =	18+99	19+91	(87+83)	(93+77)
4	124 =	(54+70)	45+99	86+38	(45+79)
5	36 =	(45−9)	(54−18)	75−29	(43−7)
6	52 =	81−39	61−8	(71−19)	90−28
7	53 =	(62−9)	71−8	(80−27)	91−34
8	78 =	85−8	(94−16)	91−19	(81−3)

2B

1 410   2 545   3 434   4 430
5 152   6 377   7 573   8 394

2A

1 600 = (530+70) (589+11) 654−58
2 200 = (125+75) 172+18   (264−64)
3 250 = 139+81 (167+83) 281−41
4 615 = 578+45   509+96 (674−59)
5 314 = (275+39) 258+66 (428−114)
6 267 = (182+85) (249+18) 341−74
7 355 = (259+96) 287+67   436−81
8 512 = (484+28) 476+26 (608−96)

1B

1 723   2 631   3 801   4 465
5 99   6 286   7 175   8 539

1A

1 220 = (137+83)   164+66 (318−98)
2 282 = (125+157) 168+104 (413−131)

3 345 = 229+115 287+58 628−283
4 366 = 284+82 279+87 511−145
5 387 = 268+109 186+201 624−237
6 428 = 289+149 168+260 715−287
7 434 = 318+116 259+165 627−193
8 512 = 364+149 268+244 800−298

남호영 지음

어릴 적부터 작가를 꿈꾸었으나 서울대학교 수학교육과에서 공부하여 수학교사가 되었습니다.
현재는 고등학교에서 수학교사로 아이들과 만나고 있습니다.
그런 한편으로 학생들에게 수학의 힘과 매력을 느끼게 하기 위해
10년 넘게 전국수학교사모임에서 수학 선생님들과 함께 고민을 나누고 있습니다.
지은 책으로는 〈우리가 사용하는 수〉, 〈다면체와 구〉, 〈파이-4천 년 역사의 흔적〉(공저),
〈영재 교육을 위한 창의력 수학Ⅰ, Ⅱ〉(공저), 〈한 권으로 끝내는 수리논술〉(공저),
〈원의 비밀을 찾아라〉 등이 있습니다.

양민희(량군) 그림

여행과 그림 그리기를 좋아하는 말 느린 그림쟁이 량군 입니다.
프리랜서 일러스트레이터로 활동하며 책과 사람들을 만나고 있습니다.
량군의 그림을 필요로 하고, 어울리는 곳에서 즐겁게 작업하고 있습니다.
〈김연아의 7분 드라마〉, 〈넥서스 Enjoy 여행 시리즈〉 등의 단행본을 비롯해,
다수의 교과서와 학습서에 그림을 그렸습니다.

초등수학 연산력 덧셈과 뺄셈 2

1판 1쇄 발행 2013년 6월 25일

지은이 남호영
그린이 양민희

펴낸이 이재성
기획편집 이희정
디자인 나는물고기
마케팅 이상준

펴낸곳 북아이콘
등록 제313-2012-88호
주소 150-038 서울시 영등포구 영등포동 8가 92 KnK디지털타워 1102호
전화 (02)309-9597 **팩스** (02)6008-6165
메일 bookicon99@naver.com

ⓒ남호영, 2013
ISBN 978-89-98160-02-9 63410

이 책은 저작권법에 의해 보호받는 저작물이므로 무단 전재 및 복제를 금합니다.
잘못 만들어진 책은 구입하신 서점에서 바꾸어 드립니다.